Frische Brise AUF DEM *Sommerdeich*

KATJA JUST

Frische Brise

AUF DEM

Sommerdeich

Neues von der Hallig

Eden BOOKS

INHALT

Getrennt –
Und doch so oft verbunden
Ist's einmal Watt und einmal Meer
Und ewig Wattenmeer

Horst Fryderyk Arendt

Willkommen auf Hooge

»Erinnerst du dich?«, lachte Sabine. »Vor ein paar Wochen noch sind wir hier mit den Schuhen in der Hand barfuß den Sommerdeich entlanggeschlendert.«

Natürlich erinnerte ich mich. Auch heute liefen wir dem Lauf der Sonne folgend im Süden der Hallig, und auch dieser Tag war wunderschön. Allerdings war es kein warmer Sommertag mehr, sondern ein Tag im Oktober. Es fing schon an zu dämmern, dennoch war auffällig, wie viel länger es hier oben im Norden hell bleibt als im Süden.

Sabine und ich schlenderten durch die inzwischen überwiegend dunkelrot und braun verblühte Wiese auf dem Deich, direkt am Wasser entlang. Die Hallig zeigte sich in ihrem Herbstkleid. Insbesondere der Queller – als »Spargel des Meeres« inzwischen vielerorts ein Trendgemüse, hier auf der Hallig eine beliebte und vielseitig einsetzbare Beilage zu Meeresfrüchten, Lamm und Nudelgerichten – hatte sein sattes Grün inzwischen gegen ein müdes Rot eingetauscht. Nun war er nicht mehr genießbar. Auch die Farbe des im Sommer lila blühenden Halligflieders hatte sich in einen schnöden Braunton verwandelt.

Wir blickten abwechselnd rechts auf die Fennen, auf denen noch ein paar Kühe mit ihren über den Sommer groß gewordenen Kälbern standen, und links auf das Wasser bis zum nicht enden wollenden Horizont, an dem die ersten sanften rosa und lila Töne aufzogen. Der Blick reichte noch weit über die Hallig Norderoog hinaus. Über unsere Köpfe hinweg flogen mal eine Möwe, mal ein paar Austernfischer. Kinah, Sabines Ridgeback-Hündin, die folgsam an der Leine zwischen uns lief, verfolgte wachsamen Blickes die letzten gefiederten Gäste auf der Hallig. Nach und nach machten sie sich fast alle auf den Weg in südliche Gefilde. Sicherlich würde Kinah viel lieber frei laufen. Nicht weil sie die Vögel jagen wollte, sondern weil sie es liebt, einige Meter vorauszurennen, um dann wieder in einem großen Bogen um uns herum zurückzukommen. Aber gerade weil noch einige Vögel hier waren, musste das ausgelassene Toben warten. Zwischen April und Oktober gilt auf der Hallig Leinenpflicht. In dieser Zeit ist die sogenannte Rast- und Brutzeit. Darauf müssen Hundebesitzer unbedingt Rücksicht nehmen. Auf den Warften gilt die Leinenpflicht ganzjährig, aus Rücksicht auf Bewohner und auf unsere Gäste.

»Im Grunde ist der Deich ein einziges Kunstwerk.« Sabine stemmte die Arme in die Hüften und blickte den Deich entlang, in dessen feuchten Steinen sich die Abendsonne funkelnd brach. »Ein steinernes Mosaik.«

»Ja, und ein sehr nützliches dazu«, sagte ich und kraulte Kinah die durch die Sonnenstrahlen glänzende walnussbraune Stirn. »Ohne unseren Sommerdeich wäre die Halligkante

Wellengang und Strömung schutzlos ausgesetzt, und der Blanke Hans würde uns unaufhaltsam unseren Lebensraum wegknabbern.«

Mit seinen knapp zwölf Kilometern Länge umschließt der Sommerdeich die fast sechs Quadratkilometer große Hallig wie ein schützendes Band. Die Arbeiten zur Küstenbefestigung begannen zwischen 1911 und 1914. Deicharbeiter und Steinmetze kamen, teilweise aus Italien, in den hohen Norden, um in mühevoller Handarbeit Stein auf Stein in- und aufeinanderzusetzen und der Hallig ihren Schutzwall und ihr heute unverwechselbares Antlitz zu verleihen. Regelmäßig müssen die Steinsetzungen ausgebessert oder sogar erneuert werden. Küstenschutz ist ein Dauerschleifenthema, denn wie sagen wir Küstenmenschen: »Die Nordsee schläft nicht – sie wartet nur.«

Wir liefen eine Weile schweigend nebeneinander. Ich genieße die Spaziergänge mit Sabine und Kinah. Seit fast zehn Jahren kennen wir uns nun. Sabine kam das erste Mal als Gast zu mir ins Haus am Landsende, damals noch ohne Kinah. Inzwischen verbinden uns eine innige Freundschaft und die Liebe zur Nordsee, insbesondere zum Wattenmeer. Die große, sportliche Frau ist ein paar Jahre älter als ich und besucht mich mehrmals im Jahr. Immer an ihrer Seite ihre liebenswerte Hündin. Unsere Spaziergänge erinnern mich an die mit meinem Chico, dem Schäfer-Collie-Mix, der mich elf Jahre lang durch mein Leben auf Hooge begleitet hat. Gehen Sabine, Kinah und ich gemeinsam über die Hallig, begleitet er uns in Gedanken.

Die aufkommende frische Brise im Rücken war angenehm und wir konnten beobachten, wie sie über das Halligland zog und dabei das immer noch satte grüne Gras fast zärtlich berührte. Sanft bewegte es sich und hinterließ eine feine Spur, die sich immer wieder zwischen den Grasspitzen verlief. Den Wind nicht nur fühlen und hören, sondern ihn sogar beobachten, das kann man besonders gut während eines Spaziergangs auf einer Hallig, dachte ich bei mir.

»Jetzt mal Hand aufs Herz, Katja. Hattest du diesen Erfolg des Buches erwartet?«, fragte mich meine Freundin. Sie war seinerzeit eine meiner ersten Leserinnen gewesen und hatte meinen Weg als Autorin von Anfang an begleitet.

»Nie im Leben!«, antwortete ich kurz und knapp.

Mit dem Erfolg von *Barfuß auf dem Sommerdeich* – so der Titel meines Erstlingswerks, das im Mai 2017 erschienen ist – hatten weder ich noch der Verlag gerechnet.

Im Rahmen einer Rezension gab es den wohlmeinenden Hinweis, dass der Titel etwas irreführend sei. Er würde eher eine Erzählung in Richtung Rosamunde-Pilcher-Liebesgeschichte erwarten lassen als die Lebensgeschichte einer jungen Frau, die mit 25 Jahren von der Großstadt München auf die überschaubare Hallig Hooge gezogen ist. Tatsächlich dachte ich das auch, als ich den Titelvorschlag des Verlags zum ersten Mal las. Ich musste sofort an romantische Liebesschnulzen denken, die in wunderschönen englischen Grafschaften spielen, sich am immer gleichen roten Faden entlanghangeln und stets auf ein Happy End hinauslaufen. Doch so ziemlich das Einzige, was meine Geschichte mit diesem altenglischen Idyll gemeinsam hat, ist die Nordsee rund um das Eiland, auf dem das Ganze spielt.

Ich ließ mich schließlich vom Verlag überzeugen, und meine Geschichte fand unter dem Titel *Barfuß auf dem Sommerdeich* den Weg in die Buchhandlungen. Mein anfängliches Bauchgrummeln legte sich, und je länger ich über den Titel nachdachte, desto mehr konnte ich mich mit ihm anfreunden. Die ersten Rückmeldungen erreichten mich auf unterschiedlichen Wegen. Viele Menschen schrieben mir wunderbare Briefe oder E-Mails, nachdem sie mich im Fernsehen gesehen oder im Radio gehört hatten. Eines sagten fast alle: »Ihr Buch ist so persönlich, Sie geben so viel von sich preis.« Das war mir zuerst gar nicht bewusst. Ich habe doch einfach nur von meinem Leben, insbesondere von den 16 Jahren, die ich zu dem Zeitpunkt auf Hooge lebte, erzählt und meinen Gedanken freien Lauf gelassen. So, als ob ich mich mit jemandem während eines Spaziergangs unterhalten würde. Und plötzlich war es mir klar. Dieser Titel war genau richtig! Er gibt wenig von dem preis, was ich erzählen möchte, aber beschreibt genau, wie ich mich in dem Moment des Erzählens beziehungsweise Schreibens gefühlt habe. Völlig frei von Zwängen und Sorgen – barfuß.

Barfuß auf dem Sommerdeich rund um die Hallig durfte ich die Leserinnen und Leser dazu einladen, mich zu begleiten. Unglaublich, wie viele Menschen mitgelaufen sind, zugehört haben und mit mir in das Halligleben eintauchten. Manche dieser Wegbegleiter haben mir gesagt, dass diese gemeinsame Zeit zu kurz war und dass sie mich ein weiteres Mal begleiten möchten. Sie haben sogar Wünsche geäußert, wovon ich ihnen noch unbedingt erzählen soll. Zum Beispiel von dem Unterschied zwischen einer Hallig und einer Insel. Sie möchten wissen, wie es Schmusi geht, der Kuh, die mein Herz im Sturm erobert hat, und was aus meinem Wunsch, ein eigenes Café zu eröffnen, geworden ist. Sie möchten eine Wattwanderung mit mir machen und noch einiges mehr. Daher spreche ich erneut eine Einladung aus:

Begleiten Sie mich ein weiteres Mal über den Sommerdeich und durch die Halligwelt. Lassen Sie sich vom Wind durchpusten, spüren Sie den feuchten, matschigen Wattboden unter Ihren Füßen, entdecken Sie neue Seiten des Halliglebens und stellen Sie sich mit mir gegen den Wind, der nicht immer nur von hinten bläst. Ich freue mich, Sie an meiner Seite zu wissen.

KAPITEL 1

Saisonende – ein stürmischer Abschied

Ich kann mich nicht daran erinnern, mich schon einmal so auf das Saisonende gefreut zu haben wie im Herbst 2017. Und das, obwohl ich ja gar nicht von Saison und Nichtsaison spreche, denn bei mir im Haus ist immer Saison. Aber draußen wird es ruhiger. Die Tage werden kürzer, und insgesamt läuft alles etwas langsamer. Beschaulicher. Schon allein wegen des Winterfahrplans der Fähre, der Ende Oktober in Kraft tritt. Dann gibt es montags und mittwochs keine Verbindung mehr zum Festland, an den anderen Tagen verkehrt die Fähre nur einmal am Tag, und man hat nur noch donnerstags die Chance, einen langen Tag auf dem Festland zu verbringen. Dann können Halligbewohner morgens übersetzen und abends wieder zurückfahren. Ausflugsschiffe gibt es in dieser Zeit so gut wie gar nicht und somit kaum noch Tagesgäste, die für ein paar Stunden auf die Hallig kommen. Die Hauptsaison endet,

Ruhe kehrt ein. Alles scheint langsamer zu laufen, weniger zu werden.

Bis es so weit ist, muss allerdings noch einiges organisiert werden, wie beispielsweise die Abreise unserer vierbeinigen Sommergäste – in Bayern würden wir es Almabtrieb nennen. Auf Hooge gibt es keinen besonderen Ausdruck dafür, man spricht einfach nur davon, dass die Tiere wieder zurück auf das Festland gehen. Zum Ende der Saison, also bis spätestens Ende Oktober, müssen fast alle Rinder wieder auf das Festland. Die meisten gehen in die Winterställe, um im nächsten Frühjahr wieder auf die Hallig zu kommen, andere kommen nie wieder. Wenn das Wetter es zulässt, gönnt man den Tieren so lange wie möglich den Freilauf auf der Hallig. Mein Freund Jan, auf dessen Fenne meine Kuh Schmusi und ihre Gefährtinnen die Sommermonate verbringen, plante die Rückreise der vierbeinigen Damen in diesem Jahr für Mitte Oktober. Wir glaubten Anfang September also noch an entspannte fünf Wochen, sowohl für die Kühe als auch für uns. Für uns, weil wir endlich mal wieder die ruhigere Zeit genießen und ohne Termindruck bei den Kühen sein konnten. Für die Kühe, weil sie gemeinsam mit ihren Kälbern noch eine Weile in ihrer vertrauten Umgebung bleiben durften.

Doch dann wurde »Sebastian« angekündigt. Der erste schwere Herbststurm tobte noch über Großbritannien. Als für Mittwoch, den 13. September 2017, wegen »Sebastian« eine Sturmflutwarnung ausgegeben wurde, hieß es für uns bereits am Dienstag umfangreiche Vorbereitungen zu treffen. Mobile Zaunelemente wurden auf die Warften gefahren und daraus erste Absperrungen gebaut. Manch Schaf- oder Kuhherde wurde schon in die Nähe der Warft des Eigentümers umgetrieben.

Gemeindearbeiter holten die blau-weißen Strandkörbe von den Badestellen am Deich ein, und andere sahen zu, dass sie Gartenmöbel, Schubkarren und sonstige Gerätschaften, die leicht vom Wind hätten aufgegriffen werden können, festbanden oder wegräumten.

Auf dem Parkplatz unseres Halligkaufmanns herrschte reger Verkehr, denn einige erledigten noch schnell einen Großeinkauf. Es war abzusehen, dass der nächste Einkauf auf sich warten lassen würde, denn wenn der Sturm erst mal Fahrt aufgenommen hätte, würde sich niemand mehr vor die Tür wagen. Eine leichte Anspannung war jetzt schon überall zu spüren, obwohl der Höhepunkt des Sturms erst für den nächsten Tag angesagt war. Die ersten Meldungen vom Festland machten deutlich, dass sich da ganz schön was zusammenbraute. »Sebastian« war früh dran für diese Jahreszeit. Sogar die letzten Schwalben, die sich noch nicht auf den Weg Richtung Süden gemacht hatten, hatten jetzt schon ihre Schwierigkeiten mit dem Vorboten des Sturmtiefs. Vor allem der Nachwuchs, der ja erst wenige Wochen alt war, kämpfte gegen die heftigen Böen. Die bevorstehende Nacht, in der »Sebastian« auf die deutsche Küste treffen würde, sollte zeigen, was letztendlich wirklich auf uns zukommen würde und getan werden müsste.

»Haben Sie schon einmal selbst einen richtigen Sturm auf der Hallig erlebt?«, wurde ich bei einigen Veranstaltungen zu meinem ersten Buch häufig gefragt. Na klar! Meine erste Sturmflut habe ich schon als Kind mitgemacht, als wir 1981 das erste Mal im Urlaub auf Hooge waren. Allerdings nimmt man dieses Szenario als Kind ganz anders wahr. Ich kann mich gut an den Trubel auf der Ipkenswarft erinnern, auf der wir damals zu Gast waren. Auf dem benachbarten Zeltplatz war eine Jugendgruppe aus Frankreich, die sehr schnell ihre Zelte abbauen musste und mit uns zusammenrückte. An den Sturm, der draußen tobte, erinnere ich mich gar nicht mehr, dafür aber daran, dass meine Mutter als Dolmetscherin einsprang und plötzlich ganz schön viele Leute in der großen Garage saßen, in der wir einen sehr geselligen Abend verbrachten.

»Haben Sie heute Angst, wenn ein Sturm angesagt wird?«, ist auch eine beliebte Frage an mich. Nein! Angst ist das letzte Gefühl, das sich einschleicht. Das letzte Gefühl, das sich einschleichen darf! Dazu kam es zum Glück noch nicht. Anspannung ja, Sorge, ob rund um das Haus wirklich alles fest sitzt und steht, und Respekt vor der Naturgewalt sind die Gefühle, die sich einschleichen. Aber Angst hatte ich bis jetzt noch nie, vor allem auch, weil wir alle wissen, was zu tun ist und dass wir uns in einem solchen Fall aufeinander verlassen können.

Dieses Mal kam alles genau so wie angesagt. Die Meldungen in den Nachrichten überschlugen sich: Es wurde vor Orkanböen gewarnt, erste Bäume waren entwurzelt und hatten Autos unter sich begraben oder Straßen versperrt. Brücken durften von Kraftfahrtzeugen mit Anhängern und leeren Lkw nicht mehr befahren werden, und der Schienenverkehr wurde eingestellt. Vom Flughafen Hamburg gingen keine Flüge mehr. All das sind Folgen eines Sturms, die zwar uns auf den Halligen nicht betreffen – bei uns wird nur der Fährverkehr eingestellt –, aber wenn auf dem Festland solche Ausmaße zu spüren sind, dann liegt es auf der Hand, dass auf den Halligen, wo der Wind ungebremst über uns hinwegrauscht, die Post abgeht. Nicht nur, dass wir uns vor umherfliegenden Gegenständen in Acht nehmen müssen. Hinzu kommt das ansteigende Wasser, das bei einem Sturm wie »Sebastian« über kurz oder lang über den

Deich auf die Hallig gekrochen kommt und unseren Lebensraum innerhalb von kürzester Zeit auf ein Drittel reduziert.

Bevor das passiert, muss alles sehr schnell gehen. Alle Tiere mussten bei »Sebastians« Ankunft auf den Warften verteilt werden. Alle Tiere hieß: ein paar Hundert Kühe und Schafe, wir sprechen hier von locker vierhundert Tieren. Überall waren kleine Gruppen von Menschen zu sehen, die auf den Fennen ihre Tiere zusammentrieben. Können wir sie sonst aus weiter Entfernung rufen oder mit leckerem Kraftfutter anlocken, war das diesmal unmöglich. Gegen starken Wind anzuschreien, kostet nur Kraft und bringt gar nichts.

Wir waren zu viert, um die Tiere von Jans Fenne zu holen. Nico und Sören warteten an der Einfahrt zur Fenne, Jan und ich liefen gute zehn Minuten bis zum anderen Ende der Fläche, wo die Tiere noch in aller Ruhe grasten. Beide waren wir in Regenklamotten eingepackt und trugen Gummistiefel. Der Wind riss lärmend an unseren Jacken, die Hosen flatterten, und die Schuhe wurden bei unseren langen und schnellen Schritten immer schwerer. Es war aber keine Zeit für eine Pause, die Zeit lief gegen uns. Als wir oben angekommen waren, schienen die Tiere unsere Anspannung und Sorge zu erahnen, denn sie kamen uns die letzten Meter entgegen und trabten dann in einer geschlossenen Gruppe zum Tor hinunter. Das war für uns beide zumindest eine kleine Erholung, denn jetzt hatten wir den Wind im Rücken.

Die sturmerprobten Mutterkühe waren immer noch relativ ruhig, aber die Kälber kannten diese Situation noch gar nicht und waren sichtlich nervös. Und so kam es, wie es kommen musste. Susis Kalb, die kleine Solveig, bekam plötzlich Panik und rannte in die entgegengesetzte Richtung, direkt an Jan und mir vorbei. Nico und Sören, die geduldig am Tor standen, um die Herde in Empfang zu nehmen, damit wir – die beiden voraus, dann die Kühe und Jan und ich hinten nach – zügig auf die Warft hätten weiterlaufen können, schüttelten nur mit den Köpfen. Die Flucht ergreifend, lief die kleine Solveig im gestreckten Galopp zurück ans andere Ende der Fenne, von wo wir gerade erst kamen.

»Damminomolto!« Jan stieß den nordfriesischen Fluch aus tiefstem Herzen aus, und wir rannten hinter dem Kalb her. Auf halber Strecke hatte Solveig eine Verschnaufpause eingelegt, sodass wir das Kalb einholten und sie dazu bewegen konnten, wieder zu den anderen Kühen zurückzulaufen. Die Nervosität war ihr anzusehen. Die kleinen Ohren standen pfeilgerade nach oben, der Schwanz war gespannt und ebenfalls nach oben gestellt. Sie wusste nicht, was los war. Woher auch. Einen Sturm hatte sie in den fünf Monaten ihres Lebens noch nicht erlebt. Ein Viertel der Strecke war geschafft, da wurde sie, aus welchen Gründen auch immer, vom Hafer gestochen und rannte plötzlich los. Eigentlich hätte sie nur ein paar Meter nach rechts laufen müssen, denn dort standen ihre Mutter, Tanten und Halbgeschwister und betrachteten ihr Tun mit norddeutscher Gelassenheit. Davon war bei Solveig leider gar nichts zu sehen. Das kleine Kalb drehte plötzlich nach links ab, nahm Anlauf und sprang wie ein Reh über den Graben zur nächsten Fenne und rannte dort im gestreckten Lauf querfeldein. Wir waren der Verzweiflung nahe, denn inzwischen war über eine halbe Stunde vergangen und wir wussten nicht, wie wir ein einzelnes nervöses Kalb wieder einfangen sollten. Noch dazu setze ein Hagelschauer ein, und harte Eiskugeln von der Größe von Zwei-Euro-Stücken prasselten auf uns herab und erschwerten unser Vorhaben zusätzlich.

Nico und Sören hatten zwischenzeitlich ein meterlanges Seil organisiert und zu uns aufgeschlossen. Wir spannten es zwischen uns vieren und gingen so langsam in einem großen Bogen hinter der Kleinen vorbei. Wir hatten Sorge, dass sie den Graben zur nächsten Fenne nehmen würde. Wir hatten sie noch nicht ganz umrundet, da besann sie sich, schlug einen Haken und lief wieder in die richtige Richtung, zurück zum ersten Graben.

Die anderen Kühe standen immer noch geduldig wartend an der Pforte und betrachteten entspannt wiederkäuend das Hin und Her. Ich frage mich heute noch, woher die kleine Solveig diese Energie nahm, so viel hatte ich sie noch nie rennen sehen. Wieder am Graben angekommen, blieb sie stehen und äugte in unsere Richtung. Immer noch, oder besser wieder, mit einem gehörigen Abstand kamen wir hinterher, sichtlich ermüdet und allmählich auch ideenlos und genervt.

»Was sollen wir nur tun?«, rief ich Jan verzweifelt zu. »Wir können sie doch nicht allein hierlassen! Das wird sie nicht überleben!«

Jan war ebenso besorgt und ratlos.

»Im schlimmsten Fall werden wir das tun müssen!«, war seine nüchterne Antwort. Was auch immer dann in Solveigs kleinem Kopf vorging – vielleicht hatte sie auch Jans Worte gehört –, jedenfalls machte sie dann einen Satz über den Graben und war wieder auf der Fenne, auf der wir vor über einer Dreiviertelstunde mit diesem Rodeo begonnen hatten. Dort blieb sie stehen und schien zu überlegen, was sie als Nächstes anstellen könnte. Wir schleppten uns hinter ihr her, und dann trauten wir unseren Augen nicht. Susi, die Mutter der kleinen durchgeknallten Kröte, kam aus der Gruppe der wartenden Kühe heraus und trottete ihrem Kalb seelenruhig entgegen. Solveig blieb ihrerseits bewegungslos stehen. Susi erreichte ihr Kalb, schleckte ihm ein paarmal über das Gesicht, guckte in unsere Richtung, und dann drehte sie sich um und trottete gemeinsam mit ihrer folgsamen Kleinen zu den anderen zurück.

»War was?«, schien sie uns zu fragen, als sie sich noch einmal während des Laufens nach uns umdrehte.

Wir hingegen blieben wie angewurzelt stehen und trauten unseren Augen nicht.

»Das ist jetzt nicht wahr, oder?!«, rief Nico zu uns rüber.

Sören schimpfte erst kräftig, fing dann aber an zu lachen.

»Verstehe einer die Frauen«, brachte er gerade noch heraus und hielt sich vor Lachen den Bauch.

Jan stand, die Arme in die Hüften gestemmt, neben mir und schnaufte irritiert und verwundert zugleich.

»Fehlt nur noch, dass Susi jetzt fragt, ob wir nun endlich loskönnen.«

Ich stand da, schüttelte nur meinen Kopf und schrie wütend gegen den Wind: »Wenn sie das macht, dann wird sie mich von einer anderen Seite kennenlernen!«

Ich wusste nicht, ob ich lachen oder weinen sollte, ich war einfach nur furchtbar platt von der Rennerei und der Sorge um das kleine Kalb, das inzwischen seelenruhig und windgeschützt inmitten der Herde stand.

Wir mussten uns beeilen, die Zeit drängte. Ohne Probleme konnten wir die Herde in Richtung Hanswarft und die Auffahrt zu Jans Zuhause hinauftreiben, als ob nichts gewesen wäre.

Es gibt auf Hooge leider keine Stallungen mehr, in die die Tiere gebracht werden und in denen sie während eines Sturms oder auch über den Winter stehen könnten. Die Flächen auf den Warften sind fast alle bebaut oder schlicht zu klein, um die alten Ställe den heutigen Anforderungen entsprechend umzubauen. In den Wintermonaten dürfen die Tiere grundsätzlich nicht auf dem Halligland stehen, weil dieses zu nass ist. Großvieh würde Schäden in der Grasnarbe hinterlassen. Also müssen die Rinder über den Winter auf das Festland umziehen. Kommt vorher ein Sturm auf, stehen die Tiere auf den Stellplätzen, die es noch zum Teil vor den alten Ställen gibt oder eben auf der Auffahrt. Diese Flächen sind betoniert, die Kühe stehen somit trockenen Fußes auf dem Grundstück des Halters. Das ist für die Tiere kein großes Vergnügen, denn sie haben dort keinen weichen Untergrund und nicht viel Auslauf. Der Vorteil ist allerdings, dass sie Heuballen direkt vor die Nase geliefert bekommen. Nach und nach verteilen sie das Heu, und schon ist auch der Untergrund nicht mehr ganz so unbequem. Bei Jan stehen dann neun vierbeinige Damen, ein paar Kälber und der Herr und Vater der Bande, der Bulle, direkt vor der Türe, was Jans Gäste von oben aus dem Fenster der Ferienwohnung immer mit großem Interesse verfolgen. Neben dem, was während eines Sturms noch so auf der Hallig geschieht.

Mit einer Windgeschwindigkeit von bis zu 140 Kilometern pro Stunde rauschte »Sebastian« am 13. September über die Hallig und brachte eine Menge Meerwasser mit. Bereits am frühen Nachmittag schwappten die ersten großen Wellen über den Deich. Dicke Schaumkronen ließen schon von Weitem erahnen, was für ein Druck sich inzwischen aufgebaut hatte. Da sollte schnell noch mehr kommen. Nachdem wir die Tiere auf der Warft gut und sicher untergebracht hatten, fuhren Jan und ich mit meinem Auto zum Fähranleger. Jan wollte eigentlich noch einmal den aktuellen Pegelstand abfragen, der dort automatisch aufgezeichnet wird. In einem kleinen Häuschen, das über eine

Wendeltreppe gute fünf Meter nach oben zu erreichen ist, steht das Empfangsgerät für die entsprechenden Messungen. Jan liest diese in regelmäßigen Abständen ab und übermittelt sie dann an seinen Arbeitgeber, den Landesbetrieb für Küstenschutz, Nationalpark und Meeresschutz Schleswig-Holstein. Das war aber inzwischen nicht mehr möglich, denn der Bereich um die Treppe stand schon unter Wasser. Die Gischt spritzte im hohen Bogen über den Deich, sodass wir zusahen, schnellstens wieder wegzukommen.

Wir machten kehrt, und die schmale Straße, die wir vor gerade erst zwei, drei Minuten entlanggefahren waren, wurde rechts und links schon von dem Wasser berührt, das sich inzwischen auf der Hallig verteilte, zumindest an den flacheren Stellen, also im Westen der Hallig und eben im Bereich des Fähranlegers. Als Nächstes würde der Osten vollaufen, dort wo die Ockenswarft liegt. Eile war geboten, denn kurz vor der Backenswarft, an der wir als Erstes vorbei mussten, ist eine Senke. Sollte die bereits unter Wasser stehen, wären wir eingeschlossen. Ich gab Gas. Über das Webcam-Archiv der Gemeinde-Website konnten wir später nachvollziehen, dass die Senke fünf Minuten später vollgelaufen war und weitere fünf Minuten später auch der gesamte Bereich des Anlegers. Wir kamen also gerade noch rechtzeitig auf der Hanswarft an, ich ließ Jan schnell aus meinem Auto aussteigen und fuhr sofort weiter nach Hause auf die Ockenswarft.

Nur rund 15 Minuten später, ich machte gerade meinen Inspektionsgang über die Warft, sah ich ein kleines rotes Auto von der Hanswarft kommend in meine Richtung fahren. Es war der Wagen meines Nachbarn. Der würde doch nicht ...?! Das Wasser lief schon in einem dünnen, aber steten Film über die Straße nach Ockenswarft, und auch vor dieser ist eine Senke, die bereits komplett unter Wasser stand. Mit hoher Geschwindigkeit, sodass das Wasser nur so spritzte, fuhr mein Nachbar auf die Senke zu. Ich konnte es nicht glauben! Kurz vor der Warft besann er sich aber und trat auf die Bremse. Er legte den Rückwärtsgang ein und fuhr zurück zur Hanswarft, denn der Weg durch das tiefe Wasser wäre nicht nur leichtsinnig gewesen, sondern auch das sichere Abwracklos für das kleine Auto. Mein Nachbar musste daraufhin zwei Nächte bei seinen Freunden auf der Hanswarft verbringen, denn so lange war kein Durchkommen. Die Halligen meldeten Landunter.

Neben Meerwasser und Hagelschauern hatte der wilde »Sebastian« auch jede Menge Wasser von oben im Gepäck. Aus den tief hängenden schweren Wolken, die schnell über die Nordsee zogen, kamen immer wieder kräftige Regengüsse herunter. Als ob der Wind allein nicht gereicht hätte. Auch grummelte es ab und zu am Horizont, aber ein Gewitter blieb uns auf Hooge dann doch erspart. Und schlagartig war er da. Der Herbst.

Als »Sebastian« wieder abzog, hinterließ er leer gefegte Bäume. Das Laub, das tags zuvor noch an den Ästen gehangen hatte, lag nun überall verteilt in den Gärten und auf den Warften. Viel zu früh, wie ich fand. Es ist einfach nicht schön, Mitte September schon von nackigen Bäumen umringt zu sein. Davon abgesehen gab es aber von den Halligen keine nennenswerten Schäden zu vermelden. Weder Häuser, Rinder, Schafe noch Menschen hatten Schaden genommen. Letztere klagten teilweise nur ein paar Tage lang über schwere Füße und Muskelkater. Das Laufen in Gummistiefeln, die teilweise mit Stahlkappen ausgerüstet sind, weil es sich um Sicherheitsschuhe für die Arbeit mit Rindern handelt, hatte alle ganz schön angestrengt. Ich sage es ja immer wieder: Aktives Halligleben ersetzt das Programm im Fitnessstudio.

Am Tag nach dem Sturm, als der Wind eingeschlafen war, fand ich in meinem Garten einige tote Jungschwalben. Sie hatten wohl einerseits nichts mehr zu fressen gefunden, denn bei solch einem Sturm verkriechen sich sogar die Insekten, und zum anderen hatten sie einfach keine Kraft mehr aufbringen können und sind zum Teil mitten auf der Wiese oder im Blumenbeet auf dem Boden sitzend gestorben. Das war eine der traurigen Spuren, die »Sebastian« hinterließ.

Zum Wochenende war dann alles wieder so, wie es sein soll. Die Schwalben flogen wieder in großen Runden um die Warften und fanden ausreichend Nahrung. Das wurde auch Zeit, denn sie mussten sich nun wirklich sputen. Kräfte sammeln und dann ab gen Süden. Die Kühe liefen wieder auf den Fennen, wobei sie es mit der Futtersuche jetzt ein bisschen ungemütlicher und aufwendiger hatten. Das Gras war noch sehr nass, dementsprechende salzig, und es standen noch einige Pfützen. Dafür kam aber wieder die Sonne raus. So blieben wenigstens die letzten zwei, drei Wochen entspannt, bevor es für die einen Richtung Festland, für die anderen Richtung Afrika und für uns in die Herbstzeit ging.

»Der nächste Sturm kommt bestimmt«, sagte ich zu Jan, als wir uns das nächste Mal in aller Ruhe bei den Kühen trafen.

»Aber in diesem Jahr muss es nicht mehr sein«, raunte er mir nur kurz und knapp entgegen.

»Bitte nicht!«, stimmte ich ihm zu und sprach damit bestimmt auch für die Vierbeiner und die gefiederten Freunde, die noch vereinzelt um uns herumflogen. »Dieser Saisonabschluss war stürmisch genug!«

KAPITEL 2

Tante Magdas Tracht – noch ein Abschied

Ein Abschied ganz anderer Art hat ebenso 2017 stattgefunden. Dass es irgendwann einmal eintreten würde, war zwar klar, aber als es dann so weit war, hat es mich doch überrascht.

»Nach 15 Jahren möchte ich die Tracht zurück in die Familie holen«, so der Wortlaut der E-Mail, die mich Ende 2017 eines Morgens völlig unerwartet erreichte. In einem Dreizeiler wurde dieser Wunsch an mich formuliert. Zuerst war ich sehr erschrocken, traute meinen Augen nicht, las die Zeilen immer und immer wieder und fragte mich, was ich möglicherweise falsch gemacht hatte. Nach und nach kam Verunsicherung in mir auf, und ich überlegte, ob es eventuell an einer Aussage liegen könnte, die ich im Fernsehen gemacht hatte, mit der ich der Familie, aus der die Tracht von Tante Magda stammt, zu nahe getreten war. Oder hatte ich etwas in meinem Buch geschrieben, das zu diesem Entschluss geführt hatte? Ich hoffte, eine Antwort auf die mich quälende Frage zu bekommen, aber mehr konnte ich nicht erfahren. Tante Magdas einzige Enkelin, die Absenderin der E-Mail und Erbin der Tracht, versicherte mir auf Nachfrage in knappen Worten, es sei einfach nur ihr persönlicher Wunsch und habe private Gründe. Das ist ihr gutes Recht. Magdas Enkelin lebt nicht auf der Hallig, noch nicht einmal in der Nähe. Wir haben uns insgesamt nur zwei-, dreimal gesehen. Sonst hätten wir uns vielleicht auf einen Kaffee oder Tee verabreden und über die Situation sprechen können. Nicht darüber, ob ich die Tracht vielleicht doch noch länger in meiner Obhut hätte behalten können, sondern darüber, wie wertvoll dieses Kleidungsstück für Hooge ist. Vielleicht hätte es die Möglichkeit gegeben, eine Leihgabe für den Ortskulturring daraus zu machen. Die Vorsitzende hütet einige der Gewänder, die damals von Hoogerinnen geschneidert wurden. Dazu weiß sie noch die ein oder andere Geschichte. Für Hooges Chronik unbezahlbar. Diese Idee hatte ich im Kopf, traute mich aber nicht, sie offen auszusprechen. Auch wenn es nur drei Zeilen von einer mir eigentlich fremden Frau waren, die mich aufforderten, mich von der Tracht zu trennen, klangen sie entschlossen und endgültig.

Gute zwei Wochen dauerte der Abschied von einer Tracht, die mir im Laufe der langen Zeit ans Herz gewachsen war. Eine Halligtracht einer alten Hoogerin, die ich noch persönlich kennenlernen durfte. Eine kleine, zarte Frau mit schneeweißen, feinen Haaren und einer im Verhältnis riesigen Brille auf der Nase. Zu ihrer Zeit gab es noch keine kleinen, fast unsichtbaren Lesebrillen. Tante Magda, wie sie liebevoll noch heute von den Hoogern genannt wird, trug sie, wenn sie Kleingedrucktes lesen musste. Eine Telefonnummer, einen Beipackzettel oder

Ähnliches. Sie war eine humorvolle Frau, die die Menschen um sich herum mochte. Sie strahlte einen an, wenn man ins Gespräch kam, und sie hatte immer etwas zu erzählen, denn sie lebte mit Leib und Seele auf der und für die Hallig. Sie und einige andere Frauen schneiderten nach alten Vorlagen ihre eigenen Trachten und hielten somit eine schon fast eingeschlafene Tradition am Leben. Die Tracht, die ich tragen durfte, muss aus den 1960ern oder 70ern stammen. Nach Magdas Tod ging die Tracht traditionsgemäß in die Hände der – in diesem Fall sogar einzigen – Enkelin über. Diese wollte damals aber nicht, dass die Tracht nutzlos in ihrem Schrank hing, und stellte sie mir zur Verfügung. Ich durfte sie tragen und tat das immer mit Stolz und dem Gefühl, von der kleinen, zarten Frau, die dieses Schmuckstück einmal mit ihren eigenen Händen geschneidert hat, begleitet zu werden. So zum Beispiel beim alle zwei Jahre stattfindenden Trachtensommer auf Hooge. Ich bin mir sicher, dass Magda von dem Anblick der vielen Menschen in den unterschiedlichsten Trachten aus allen Richtungen Deutschlands begeistert gewesen wäre. Selbst aus Frankreich war einmal eine Gruppe dabei. Ich stelle mir vor, wie Tante Magda mitten unter ihnen gewesen wäre, ohne ein Wort Französisch zu sprechen. Sie mit ihrer fröhlichen und offenen Art hätte sich auch ohne eine gemeinsame Sprache mit den Gästen aus dem Süden verstanden. Diese Vermutung hegte ich vor allem, als wir, die Hooger Trachtentanzgruppe, nach dem offiziellen Abschluss der Tagesveranstaltung mit den Gastgruppen am Anleger standen und auf die Schiffe warteten, mit denen sie wieder ans Festland fahren sollten. Die Franzosen forderten alle umstehenden Personen zu einem letzten gemeinsamen Tanz auf. Sie erklärten die Abläufe, und nicht nur ich verstand kein Wort. In dem Moment fiel mir

Magda ein, und ich stellte mir vor, wie ungezwungen sie mit der Situation umgehen würde. Und schon fiel es mir leicht, mich mitreißen zu lassen. Zum Glück! Dieser Abschlusstanz, mit all den unterschiedlichen Menschen, hat für einen kurzen Moment eine Einigkeit und Fröhlichkeit am Anleger der kleinen Hallig mitten in der Nordsee verbreitet, die noch Tage später zu spüren waren. Als Abschlusstanz vorgesehen, tanzten wir ihn gleich dreimal hintereinander. Das war wirklich ein nachhaltiges Erlebnis. So wie jeder Moment, den ich mit und in Magdas Tracht erleben durfte.

Der Abschied fiel mir schwer, und der Gedanke daran, sie abgeben zu müssen, machte mich sehr traurig. Obwohl es natürlich klar war, dass es sich nur um eine Leihgabe handelte und ich keinerlei Anspruch auf das gute Stück hatte. Das habe ich auch in keinem Moment empfunden oder gar erwartet. Mein Ansinnen war es immer nur, diese Tracht lebendig zu wissen.

Der Abgabetag, ein Montag, bot schon morgens sehr wechselhaftes Wetter. Leiser Regen fiel immer wieder, mal kam die Sonne raus, dann war es wieder gräulich und kühl. So ließ sich auch mein Gefühlszustand beschreiben. Ich war traurig, ab und zu liefen mir Tränen über das Gesicht, ich wollte mich nicht von der Tracht trennen. Mit ihr ging auch ein Stück von Tante Magda aus meinem Haus. Dann war mir wieder warm ums Herz, denn ich wusste ja, dass das Kleidungsstück jetzt in die rechtmäßigen Hände kommen würde, in die Hände, die Fleisch und Blut von Tante Magda darstellten. Bessere Hände konnte es nicht geben, denn diese Verbindung war viel intensiver als die meine. Es sollte so sein. Und im nächsten Moment fröstelte ich, denn ich machte mir Gedanken darüber, ob diese Tracht jemals wieder auf Hooge getragen werden würde.

Blicke ich auf diesen Tag zurück, bin ich immer noch sehr traurig. Einfach unglaublich, wie einem ein Stück Stoff ans Herz wachsen kann. Ich hatte schon ernsthaft ins Auge gefasst, mir eine eigene Tracht zuzulegen, allerdings bin ich bis zum heutigen Tag immer noch nicht dazu gekommen, auf die Suche zu gehen. Und ehrlich gesagt will ich das auch gar nicht wirklich. Egal, wie schwingend der Rock, wie leuchtend das bunte Schultertuch oder mit Spitze verziert die Schürze sein wird, es wird immer eine anonyme Tracht sein. Sie wird mir weder eine Geschichte erzählen können, noch wird sie mir ein Bild von der vorherigen Trägerin widerspiegeln können. Das macht es schwierig, sich auf ein neues Kleidungsstück dieser Art einzulassen. Niemals hätte ich mir träumen lassen, dass sich eine solch tiefe Verbundenheit mit einem Kleid, dessen Trägerin und letztendlich auch mit deren Heimat ergeben könnte. Wahrscheinlich liegt es auch daran, dass ich inzwischen eine ebenso tiefe Verbundenheit mit der Hallig empfinde, wie es Magda wohl auf ihre Art getan hat.

KAPITEL 3

Heimat – ein Ort oder ein Gefühl?

Nach nunmehr fast zwanzig Jahren, die ich hier lebe, kann ich sagen, dass Hallig Hooge mein Zuhause, mein Lebensmittelpunkt geworden ist. Ich möchte hier nicht mehr weg! Obwohl nach so vielen Jahren immer noch zwei Herzen in meiner Brust schlagen. Das eine für mein Zuhause, Hallig Hooge, das andere für meine Heimat, München. Manchmal frage ich mich, ob es den Frauen, die weit vor meiner Zeit auf eine Hallig zogen, auch so ging. Oder war das früher einfach so? So ganz normal, dass Frauen teilweise mit sehr jungen Jahren ihre gewohnte Umgebung verließen? Ohne Sehnsucht nach der Heimat? Ohne Zweifel, ob man alles richtig gemacht hat?

Natürlich bin ich nicht die erste Frau, die aus der Ferne auf eine Hallig gezogen ist. Aber in früheren Zeiten waren die Umstände meistens andere. Ich war 25 und bin mehr oder weniger aus freien Stücken nach Hooge gezogen. Weder mit einem Mann an meiner Seite noch auf der Suche nach einem und zum Glück auch nicht, um nach elterlichem Plan verheiratet zu werden. Ich bin gegangen, um mein Leben neu auszurichten. Auch wenn der Plan eigentlich ein anderer war.

Früher war es auch auf den Halligen keine Seltenheit, dass junge Frauen vom Festland mit gerade einmal 16 Jahren auf Hooge eine Stellung antraten, um auf einem landwirtschaftlichen Betrieb zu arbeiten, im Haushalt zu helfen oder sogar die Aufgaben einer verstorbenen Hausfrau und Mutter zu übernehmen. Fragt man erst einmal bei den Halligleuten nach, gibt es so einige spannende Geschichten über Halligfrauen zu erfahren. Und vor allem über starke Halligfrauen. Sie waren hier häufig die treibende Kraft. Kapitäne und Seeleute waren lange unterwegs. Die Frauen mussten Haus und Hof führen und zusehen, dass während der Abwesenheit der Männer alles funktionierte und weiterlief. Sie waren selbstbewusst und stark. Meist hatten sie mehrere Kinder, häufig zu pflegende Eltern im Haus, Erntehelfer auf dem Hof, und es galt, den laufenden Betrieb, der das Überleben sicherte, Kühe, Schafe, Hühner und andere Tiere zu versorgen.

Früher schon kamen die Frauen häufig vom Festland, manchmal sogar aus dem fernen Ausland. Bis nach Riga führt so manche Spur, die man zum Beispiel auf dem Hooger Friedhof aufspüren kann. Und jede brachte ihre eigene Geschichte mit, die sie neben den alltäglichen Aufgaben in ihrem neuen Leben, dem Leben auf der Hallig, häufig still und leise mit sich trug. Für Heimweh war vermutlich gar keine Zeit. Manchmal versinke ich in der Geschichte meines Hauses und versuche nachzuempfinden, wie frau hier früher gelebt und gewirkt hat.

Bis Ende der 1980er-Jahre hat in meinem Haus Hedwig gewohnt, die ich leider nicht mehr persönlich kennenlernen konnte, weil ich einen Besuch bei ihr auf dem Festland immer hinausgeschoben habe. Meine Eltern sprachen oft mit ihr und luden sie auch nach Hooge ein. Die beiden lebten damals erst ein paar Jahre auf Hooge, hatten aber schon so einiges am Haus am Landsende renoviert und neu gestaltet. Davon abgesehen hatten die Vorbesitzer meiner Eltern, also die Nachfolger von Hedwig und ihrem Mann, das Reetdach wiederhergestellt, ebenso die alte Küche im Haus. In unseren Augen war das Haus zu einem Schmuckstück geworden, das die alte Lebensweise erahnen lässt und somit heute ein Stück Halliggeschichte hütet. Das wollten sie Hedwig zeigen.

Als die alte Dame auf der Ockenswarft ankam und noch vom Auto aus das Reetdach sah, rief sie jedoch erschrocken aus: »Um Himmels willen, was ist denn aus meinem schönen Hartdach geworden?«

Verwundert guckten sich meine Eltern an, denn diese Reaktion hatten sie ganz und gar nicht erwartet. Plötzlich war ganz viel Energie in der kleinen Frau, der man ansah, dass ihr ihre Vergangenheit mehr Last als Freude bereitete. Sie wirkte auf den ersten Blick in sich gekehrt und unscheinbar. Die Haare grau und streng zusammengebunden. Dennoch war sie aufmerksam. Und die Veränderungen, die sie an ihrem alten Haus wahrnahm, brachten ihr einen richtigen Energieschub. Als Hedwig die wiederhergestellte Küche sah, also die offene Kochstelle, in der früher das Essen zubereitet und Brot gebacken wurde, war sie fast den Tränen nah.

»Wie könnt ihr denn nur all die alten Sachen wieder aufbauen?«, fragte sie verständnislos. »Das will doch heute kein Mensch mehr haben!«

Trotz der Verwunderung ihrerseits und der Enttäuschung über die misslungene Überraschung aus Sicht meiner Eltern hatten die drei noch schöne gemeinsame Stunden, bevor die alte Dame wieder auf das Festland übersetzen musste. Später war uns klar, warum sie so empfunden hat. Hedwig hat in ihrem Leben sehr viel erlebt und ertragen müssen. Der erste Mann im Krieg gefallen, ihre gemeinsamen Kinder sind während Hedwigs Flucht nach Deutschland gestorben. Ende der 1940er-Jahre kam sie auf die Nachbarhallig Langeneß, später folgte der Umzug nach Hooge. Sie heiratete ein zweites Mal, und beide überlebten gemeinsam die schweren Sturmfluten von 1962 und 1976. Ein kleiner landwirtschaftlicher Betrieb sorgte für ihr Auskommen, bis sie bald nach dem Tod ihres zweiten Mannes die Hallig verlassen musste. Bis zu ihrem eigenen Tod vor ein paar Jahren kümmerte sie sich um ihre pflegebedürftige Tochter aus zweiter Ehe. Sie muss eine unglaublich starke Frau gewesen sein. Obwohl ich ihr nie begegnet bin, sind meine Gedanken häufig bei ihr. Vor allem dann, wenn ich vor der alten Küche stehe, um Feuer zu machen. Feuer, das mir immer ein heimeliges Gefühl in meinem Zuhause bereitet. Feuer, das für Hedwig sicherlich immer im Zusammenhang mit Arbeit, Kälte und Dreck gestanden hat.

Und wenn ich an Hedwig denke, bleibt es nicht aus, dass ich auch an Juliane denke. Eine Frau, die noch vor Hedwig auf Hooge lebte und deren gemeinsamer Freitod mit ihrem Mann heute noch die Herzen der Halligmenschen berührt. Sie mussten ihr Zuhause verlassen und haben dieses nicht ertragen können. Die Liebe zu ihrer Hallig war stärker als jegliche Vernunft. Eine Frau, die rund fünfzig Jahre auf Hooge lebte, in einer Zeit, in der das Halligleben sicherlich alles andere als einfach war. Damals gab es noch keinen Strom aus der Steckdose oder fließend Wasser aus der Leitung. Und dennoch sagt man vor allem den Frauen dieser Generationen nach, dass sie neben all ihren Aufgaben immer gesellig und fröhlich waren und häufig auch viel Wert auf ihr Äußeres legten. Sie gingen gern tanzen und waren musikalisch. Juliane, so wird erzählt, hat immer viel gesungen, vor allem friesische Lieder mochte sie. Sie soll eine helle, klare Stimme gehabt haben und eine kleine, quirlige Frau gewesen sein.

Es gibt so viele beeindruckende Halligfrauen – damals wie heute. Ich wünschte, man würde ihren Geschichten, ihrer Stärke und auch ihren Namen ein besonderes Denkmal setzen. Diese Frauen haben unglaublich viel geleistet und bewegt. Die eine stiller, die andere offensichtlicher. Sie und ihre Schicksale sollten nicht in Vergessenheit geraten.

Mit dieser Idee haben sich schon einmal ein paar Frauen aus der Gegenwart beschäftigt. Wir haben tief in der Vergangenheit gegraben, Familienmitglieder wurden interviewt, alte Fotos herausgesucht, Nachbarn und Zeitzeugen mit endlosen Fragen gelöchert. Es kamen viele interessante Erinnerungen zusammen, über die wir gesprochen und diskutiert haben. Im zweiten Winter unserer Recherchearbeit trafen wir uns, um unsere Ergebnisse in einem Film festzuhalten. Ein Mitglied aus unserem Kreis hatte schon reichlich Erfahrung mit solchen Projekten und setze uns in Szene. Allerdings so, dass es nicht um uns, die Hooger Frauen von heute, geht, sondern vordergründig um die Frauen, über die wir berichteten. Damit haben wir tatsächlich einen kleinen Schatz geschaffen, der bereits in einem überschaubaren Kreis präsentiert wurde. Die Zeit scheint noch nicht reif dafür zu sein, dass mehr aus diesem kleinen Schatz werden könnte, dennoch habe ich die Hoffnung, dass es irgendwann so weit sein wird. Denn ich verbinde mit diesem Film viel mehr als »nur« die Geschichten interessanter Frauen aus Hooges Vergangenheit. Sie alle vermitteln mir auch ein Gefühl von Verbundenheit. Um nicht zu sagen, ein Gefühl von Heimat.

Aus welchen Gründen auch immer haben sich all diese Frauen für Hooge entschieden. Sie gingen in Stellung, sie haben eingeheiratet, sie kamen, um einen zeitlich begrenzten Job anzunehmen, oder sie wurden hier geboren. Und sie blieben. Zumindest so lange sie das Leben hier leben konnten. Finanzielle oder gesundheitliche Gründe veränderten manchmal die eigentlichen Pläne und Vorstellungen. Spanne ich nun einen Bogen zu den Halligfrauen der Gegenwart, finden sich sehr ähnliche oder sogar gleiche Situationen. Einige kamen wegen eines Jobs und verliebten sich. Andere lernten auf dem Festland einen Halligmann kennen und folgten ihm alsbald in seine Heimat. Andere gingen als Halligkinder weg, gingen ihrer Wege, aber kamen irgendwann wieder zurück. Die Wurzeln waren schon gefestigt oder wuchsen mit der Zeit.

Schaue ich mir die Halligfrauen von heute an, sind es in meinen Augen ebenfalls allesamt starke und selbstbewusste Frauen. Egal, ob verheiratet, verwitwet oder Single – sie stehen ihren Mann. Sie haben alle, sofern sie über drei Jahre alt sind, mindestens eine Sturmflut mitgemacht, wenn auch nicht mit dem Ausmaß, das es in den 1960er- und 70er-Jahren zu überstehen galt. Ich habe Respekt vor den Halligfrauen, und die ein oder andere bewundere ich sogar! Für ihre Geduld in der jahrzehntelangen Ehe, für die Kraft nach mehreren Fehlgeburten, den Mut, nicht aufzugeben, für die Ausdauer, im eigenen Betrieb tagein, tagaus auch noch im stolzen Alter von Mitte siebzig für die Gäste da zu sein oder auch Vermietung, Gastronomie und Ehrenamt unter einen Hut zu bringen. Auch wenn der Charme manch einer Halligdame durchaus mal friesisch herb sein kann. Oder es manchmal ein paar Jahre dauert, bis das Eis gebrochen ist. Aber wenn es so weit ist oder Frauen sich einfach nur dafür entscheiden, gemeinsam etwas durchzuziehen, dann klappt es auch auf einer sachlichen Ebene. Dann geht es um das Ergebnis. Langes Rumgeeier kann man sich auf einer Hallig nicht erlauben. Auch frau nicht. Und diese Charakterzüge entstehen nach und nach durch das Leben auf diesem Eiland. So nehme ich es zumindest wahr. Und das wiederum kann nur geschehen, wenn es eine Verbundenheit mit dem Klumpen Erde gibt, auf dem man lebt, in diesem Fall auf Halligland.

Herbert Grönemeyer besingt in einem seiner vielen tiefsinnigen Lieder die Heimat. Er sagt unmissverständlich: »Heimat ist kein Ort, Heimat ist ein Gefühl.« Eine weitere Zeile lautet: »Zum gemeinsamen Gelingen verdammt.« Und hier spricht er etwas an, von dem auch wir Halligleute ein Lied singen können. Wenn wir von Landunter sprechen, reden wir von Sturm und von Wassermassen, die über das Halligland peitschen und unseren Lebensraum auf ein Minimum reduzieren. Wir reden dann davon, dass die Natur die Zügel in der Hand hat und wir auf unseren Warften ausharren müssen. Ja, wir sind hier zum gemeinsamen Gelingen verdammt. Das verbindet. Manchmal mit einem Menschen, ganz bestimmt aber mit dem Land, auf dem man lebt und überlebt. In unserem Fall mit unserer Warft und unserer Hallig. Vielleicht ist es gerade dieser einzigartiger Naturmoment, der die besondere Beziehung zwischen den Halligleuten und ihrer

Handvoll Erde im Meer ausmacht, der den Zauber darstellt. Viele Menschen sind immer wieder fasziniert von der Magie oder einfach nur der Ausstrahlung, die eine Hallig umgibt. Musiker, Dichter, Denker und Maler, aber auch Vertreter der Kirche lassen sich immer wieder von den Halligen inspirieren. Gäste und Urlauber immer wieder aufs Neue. Sie alle kommen und gehen, legen hier manchmal Lasten und Sorgen ab, reisen inspiriert, erfüllt, beseelt und erholt nach Hause. Aber wir, die Halligleute, wir bleiben. Sommers wie winters. Bei Sonnenschein und Landunter. Wir setzen uns damit auseinander, wie wir unsere Häuser, unsere Warften und das Halligland vor dem Blanken Hans sicherer machen können. Küstenschützer sorgen dafür, dass das Meer, die gefräßige Nordsee, das Halligland nicht zu schnell vereinnahmen kann, indem sie teilweise mit der Hand Stein für Stein in die richtige Position hieven. So soll unsere Hallig noch lange bestehen. Das geschieht längst nicht ohne Hilfe und Unterstützung von außen – keine Frage! Dennoch traue ich mich zu sagen, dass die Verbundenheit, die zwischen den Halligmenschen und ihrem begrenzten Flecken Land besteht, etwas Außergewöhnliches ist, denn wir leben nicht nur auf diesem, sondern leben auch mit ihm. Sogar mit dem Bewusstsein, dass das von heute auf morgen vorbei sein könnte. Spätestens aber vermutlich in hundert Jahren. Diese tiefe Verbundenheit kann man spüren. Und das nenne ich, obwohl ich eine Zugereiste bin, Heimat. Ich nehme es immer wieder wahr, sobald ich mir einen Moment Zeit nehme und bewusst über die Hallig blicke oder laufe. Wenn ich die Weite am nicht enden wollenden Horizont wahrnehme oder die Stille höre. Wenn ich über im Meeresboden verborgene Schätze aus der Vergangenheit laufe oder funkelnde Meister der Lüfte über mich hinwegrauschen. Daher stelle ich die Behauptung auf, dass Heimat sehr wohl auch ein Ort sein kann.

Die Verbundenheit mit der Heimat Hooge scheint auch bestehen zu bleiben, wenn man unser kleines Eiland verlassen muss. Auch das passiert natürlich immer mal wieder. Halligbewohner ziehen aus beruflichen Gründen weg oder weil sie sich woanders eine neue Existenz oder eine Familie aufbauen möchten. Wie meine Freundin Merit, die ich auf Hooge kennengelernt habe, als sie hier noch lebte und ich noch zu Besuch auf die Hallig kam. Inzwischen ist es umgekehrt: Sie lebt seit fast zwanzig Jahren auf dem Festland und ich auf der Hallig. Einige Jahre hatten wir keinen Kontakt, wurden uns sogar fremd. Kam sie zu Besuch, fanden wir keinen Draht zueinander. Es mussten erst ein paar Jahre vergehen, bis wir wieder zueinanderfanden. Unser beider Leben hatten sich verändert, ebenso unsere Perspektiven. Letzteres verhilft häufig dazu, nicht nur sich selbst in einem neuen Licht zu sehen, sondern auch andere Menschen. Merit musste erst die Hallig, ihre Heimat, verlassen, um zu erkennen, was mir diese bedeutet. Heute sagt sie mir, dass ich das Leben lebe, das sie sich immer gewünscht hat. Sie ist eine der ganz wenigen, die die Liebe zur Hallig genauso empfinden wie ich. Oder umgekehrt! Sie kann mir Hallig erklären, sofern ich etwas noch nicht verstanden habe oder mich etwas verunsichert. Sie ermutigt mich, wenn ich daran zweifle, ob ich akzeptiert bin oder nicht. Sie kennt und weiß vor allem, wie sich das Leben auf der Hallig anfühlt.

»Für mich waren das früher zwar im Grunde alles Tanten und Onkels, die mich zurechtgewiesen haben, wenn ich mal wieder etwas ausgefressen hatte, dennoch war es nicht immer einfach in dieser kleinen Gemeinschaft. Es blieb ja auch nichts geheim. Das heißt aber noch lange nicht, dass über alles offen geredet wurde. Im Herzen sind die alten Hooger aufgrund ihrer Vergangenheit eine verschworene Gemeinschaft. Da haben es Fremde immer schon schwer gehabt, hineinzukommen. Das ist auch heute noch so«, erklärte sie mir einmal.

Merit kann nachvollziehen, dass ich manchmal an meiner Akzeptanz zweifle, aber sie sagt auch: »Immer wenn du das Gefühl hast, dass man dich nicht mag oder du nicht dazugehörst, dann ist das meistens gar nicht so gemeint, wie es in dem Moment bei dir ankommt.« Als sie mir das zum ersten Mal erklärte, löste sich bei mir ein imaginäres Korsett, das mich häufig einengte und lähmte. Es tut gut, von einer gebürtigen Hoogerin gesagt zu bekommen, dass ich eine Botschafterin ihrer Heimat geworden bin. Das bin ich mit Herz und Stolz.

Umso mehr berührte mich ein Zeitungsartikel in der hiesigen Tageszeitung, der den Titel *Die Hallig-Botschafterin* trug. Ich selbst hatte mich so nie bezeichnet, auch wenn ich die Aufgaben einer Botschafterin schon seit Jahren übernommen hatte. Erst mit meinem Buch ist mir klar geworden, wie sehr ich die Halligen im Außen repräsentiere und so von mir als Repräsentantin gesprochen wurde. Dem Journalisten und Verfasser des Artikels ist während unseres Gesprächs offenbar deutlich geworden, wie sehr ich die Hallig liebe, und es ist ihm gelungen, meine Gefühle wunderbar auf den Punkt zu bringen. Nicht ohne nervös zu sein, erwartete ich das Erscheinen des Interviews, denn im Stillen befürchtete ich auch negative Reaktionen der Halligleute. Man hätte diesen »Titel« für eine Zugereiste ja auch als anmaßend empfinden können.

Eines Morgens las eine Hooger Bewohnerin auf der Fähre im Auto neben mir eben diese Zeitung, und ich konnte beim

Umblättern sehen, dass sie sich nun meinem Artikel widmen würde. Von meinem Fahrersitz aus war klar zu erkennen, dass sie auf der Seite angekommen war, auf der mein Foto prangte. Der Artikel ging fast über eine ganze Seite, das Foto nahm ein Viertel davon ein. Nachdem sie mit dem Lesen fertig war, stieg sie aus. Sie sah mich und kam direkt auf mich zu. Mir fiel ein Stein vom Herzen, als sie mich anstrahlte und mir zu diesem wunderbaren Artikel gratulierte.

»Du bist wirklich eine Hallig-Botschafterin geworden«, sagte sie.

Von einer anderen Dame bekam ich einen Anruf mit ebenso herzlichen Worten. Das tat gut, denn nichts anderes möchte ich vermitteln als meine Liebe zu meiner Wahlheimat, und ich freue mich, wenn ich in diesem Zusammenhang auf die Halligen, ihre Schutzbedürftigkeit und Einmaligkeit aufmerksam machen kann.

KAPITEL 4

Eine Weihnachtsgeschichte

Den Jahreswechsel und das Weihnachtsfest 2017 wollte ich nach dem ereignisreichen Jahr in Ruhe und ohne großes Tamtam begehen. Meine Eltern hatten sich über die Feiertage angekündigt, und in der Grünen Ferienwohnung waren mit Barbara und Gert Stammgäste einquartiert. In der Blauen waren neue Gäste eingezogen, um beschauliche Weihnachtstage auf der Hallig, fernab vom Festlandstrubel, zu verbringen.

Am Tag vor Heilig Abend gab es noch allerhand zu erledigen. Ein stattlicher Tannenbaum stand bei mir im Pesel, und ich wuselte voller Vorfreude geschäftig zwischen Küche, Garten und Gästebehausungen hin und her. Vor dem Haus und bei der Treppe zum Stellplatz meines Autos hatte ich Lichterketten befestigt, die in der dunklen Jahreszeit ein heimeliges Licht um meine alte Reetdachkate zaubern. Im Hausflur hingen Weihnachtsmänner und Engel aus Holz, und die Kerzenleuchter im Treppenhaus waren bereits mit dunkelroten Kerzen bestückt. Das ist für mich das Schönste an der dunklen Jahreszeit: Kerzenlicht! Das Wärme und Gemütlichkeit ausstrahlende Licht von echten Kerzen ist für mich ein absolutes Muss. Winter und Kerzen gehören zusammen, so wie Sommer und Holunderblütenschorle.

Auch in den Ferienwohnungen war weihnachtliches Flair eingezogen. Dort stelle ich zwar alljährlich keine echten Weihnachtsbäume auf, aber jeweils einen Julbaum, einen typisch friesischen Weihnachtsbaum aus Holz. Er besteht aus einem kleinen Holzgestell, das jedes Jahr mit frischen Buchsbaumzweigen umwickelt wird. Außerdem wird noch eine Kette drangehängt. Je nachdem, wie viel Mühe man sich machen möchte, wird eine fertige Bernsteinkette verwendet oder eine auf einem Bindfaden frisch aufgezogene Rosinenkette. Eine klebrige und zeitaufwendige, aber effektvolle Angelegenheit. Die Gestaltung der Kette hat in früheren Zeiten den Reichtum einer Familie widergespiegelt. Bernstein konnte man an der Halligkante, am besten im Spülsaum, ausreichend finden und somit großzügig verwenden. Rosinen hingegen waren teuer und nur schwer zu bekommen.

Der Buchs bildet den halbrunden Rahmen um die drei oder vier waagrechten Streben. Eine senkrechte Holzstrebe, zwanzig bis vierzig Zentimeter lang, dient als Mittelsäule. Rechts und links von dieser werden Figuren aus Salzteig in den Baum gehängt. Es gibt Tiermotive oder auch Motive aus der Seefahrt und Landwirtschaft. An meine Julbäume hänge ich jeweils ein Segelboot und eine Mühle sowie Kuh, Schwein, Fisch und Hahn. Jedes Symbol hat natürlich eine besondere Bedeutung. Allgemein sagt man, dass sie für Fruchtbarkeit,

Glück und gute Wünsche für das neue Jahr stehen. Das Glück besteht für mich auch darin, dass meine Eltern mir die Arbeit des Julbaum-Schmückens für die Ferienwohnungen abnehmen. Bei einem meiner Besuche bei ihnen in Husum bringe ich die leeren Holzgestelle mit und kann sie rechtzeitig vor den Festtagen prachtvoll geschmückt wieder abholen.

Auch bei mir im Erdgeschoss ist Weihnachtsstimmung eingezogen. Neben dem in Rot, Gold und mit Strohsternen geschmückten Baum, selbstverständlich mit echten Bienenwachskerzen, finden sich Engel, Weihnachtsmänner, Rentiere und viele andere Figuren auf den Fensterbänken. Ich mag diese stille Zeit, die ich auf Hooge sehr genießen kann, denn dann kehrt wirklich etwas Ruhe und Besinnlichkeit ein. Auch wenn ich viel Zeit mit dem Lesen und Beantworten der zahlreichen Post verbringe, die nicht nur als E-Mail, sondern auch auf dem üblichen Postweg im Haus am Landsende ankommt.

Der Brief lag inmitten eines großen Schwungs von Briefen, Paketen und bunten Weihnachtskarten. Ich war beeindruckt, wer alles an mich dachte. Das Öffnen und Lesen der Post glich einer wunderbaren Bescherung, denn bis auf ein paar wenige Rechnungen bereiteten mir alle Zeilen ein Lächeln und ein schönes Gefühl. Das große weiße Kuvert wartete noch darauf, geöffnet zu werden. Zwei weihnachtliche Aufkleber schmückten den Umschlag, ein glänzender Engel und der Weihnachtsmann mit einem langen weißen Bart. Meine Adresse war mit grüner Tinte geschrieben, einen Absender fand ich nicht. Mir fiel nur auf, dass die Briefmarke nicht abgestempelt war. Neugierig öffnete ich das Kuvert, entnahm ihm einen Stapel Papier und obenauf ein ebenfalls mit grüner Tinte verfasstes Anschreiben.

Hallo, Frau Just. Unser Telefonat im November hat mich sehr nachdenklich, aber auch sehr traurig gemacht.

Mein Blick ging hinunter zur letzten Zeile, und ich sah, dass der Brief nicht mit einem Namen, sondern nur mit Initialen unterschrieben war. Ein anonymer Brief. Keine Unterschrift, kein Absender. Dennoch wusste ich sofort, wer sich hinter diesem Kürzel versteckte. Ich kannte die Dame nicht persönlich, erinnerte mich in diesem Moment auch nicht an ihren Namen, sondern nur an drei mit ihr geführte Telefonate. Sie musste, so mutmaßte ich, zwischen Mitte sechzig und Mitte siebzig sein. Sie hatte mich zum ersten Mal im Frühjahr angerufen und meinte, ich sei für sie die richtige Ansprechpartnerin, da sie bisher mit ihren Anliegen bei anderen Adressaten nicht auf fruchtbaren Boden gestoßen sei. Sie habe erfahren, dass ich mich für den Tourismus auf Hooge einsetzen würde, also wende sie sich nunmehr an mich. Es lag ihr auf der Seele, dass eine Badestelle im Westen der Hallig nach baulichen Veränderungen für ältere Badegäste nicht mehr bequem zugänglich sei und dass ihr die rückläufigen Öffnungszeiten der hiesigen Gaststätten Sorge bereiten würden. Wir unterhielten uns eine Weile über die Qualität des momentanen touristischen Angebots auf Hooge, ich gab ihr bei dem ein oder anderen Punkt Recht und versprach, ihre Anregungen an die entsprechende Stelle weiterzuleiten. Das tat ich auch, worüber ich sie im zweiten Telefonat informierte, denn sie rief mich im Sommer erneut an.

Und dann folgte das dritte Gespräch im November, das Telefonat, in dem sie mir von ganz anderen Sorgen berichtete. Sie beschrieb eine Situation, die sich während ihres letzten Urlaubs Ende September im Halligkaufmann abgespielt hatte.

Die Dame stand an der Kasse, und in ihrer unmittelbaren Nähe befand sich ein kleines Mädchen. Dieses Mädchen war in ihren Augen »eine ganz freche Göre«. Es war patzig, beschimpfte sie und streckte ihr die Zunge heraus. Die Dame am Telefon schilderte mir sehr ausführlich, dass sie von dieser Situation mehr als entsetzt gewesen sei, denn so etwas habe sie auf Hooge noch nie erlebt. Bis dato seien die Kinder niemals so frech und ungezogen gewesen, und diese Entwicklung sei nun wirklich tourismusschädigend. So ein respektloses Verhalten Erwachsenen gegenüber sei beleidigend und unerhört. Die Anruferin war kaum zu bremsen, auch nicht, als ich versuchte anhand einiger Beispiele aufzuzeigen, dass es auch auf Hooge immer schon freche Kinder gegeben hat. Zu früheren Zeiten war es nicht ungewöhnlich, dass Kinder rohe Eier warfen, wobei nicht selten Gäste oder zumindest deren Kinder als Zielscheibe dienten. Dieses Verhalten sei doch bei Kindern nichts Ungewöhnliches, versuchte ich sie mit Humor zu beruhigen. Dem widersprach sie vehement.

»Seit nunmehr 25 Jahren, Frau Just, reise ich regelmäßig mit meinen Freunden auf die Hallig, aber so ein freches Kind ist mir hier noch nie begegnet!«, sagte sie in harschem Ton. »Gegen diesen Zustand muss man etwas tun, und vor allem müssen Sie als Halligleute dieser Entwicklung Einhalt gebieten, denn das ist ja nur der Anfang!«

»Was meinen Sie damit?«, fragte ich, schon ahnend, in welche Richtung ihre Klage nun gehen würde.

Ich wusste von Anfang an, von welchem Mädchen sie gesprochen hatte, ihre Beschreibung machte es leicht, dies zu erraten. Ja, dieses kleine Mädchen war tatsächlich ein sehr aufgewecktes und unternehmungslustiges Kind, das mit seinen sechs Jahren gerade im Begriff war, die Halligwelt und das eigene Leben zu entdecken. Das Mädchen lebte zu diesem Zeitpunkt erst zwei Jahre auf Hooge. Auf einer Hallig, einem Fleckchen Erde, das dieses Mädchen nach monatelanger beschwerlicher Reise mit seinen Eltern und drei weiteren kleinen Geschwistern erreicht hatte, kurz nachdem sie ein Gebiet verlassen mussten, in dem sich sogenannte Erwachsene bis aufs Blut bekämpften. Ohne zu wissen, warum und wohin, verlor dieses Kind die vertraute Heimat, die beschützende große Familie und vieles mehr. Bei Sturm und entsprechendem Wellengang kam dieses Mädchen kurz vor Weihnachten mit einem Schiff auf Hooge an. Mit Habseligkeiten, die in ein paar Plastiktüten verteilt waren, mit gerade einmal fünf ihm vertrauten Menschen um sich. Alles andere war für dieses Kind fremd. Ich möchte nicht wissen, was dieses Mädchen und seine drei Geschwister bis zu diesem Zeitpunkt alles hatten sehen und erleben müssen. Jasina. Aus Afghanistan.

»Damit meine ich, dass da noch mehr kommen. Nach Hooge«, erklärte sie spitz.

Ich spürte, wie ich verspannte. Ich holte tief Luft. Mein bis dahin ruhiger und besänftigender Tonfall veränderte sich augenblicklich. Ebenso wie meine Stimmung. Mein Geduldsfaden war gerissen.

»Liebe gnädige Frau«, setzte ich an, »ich will Ihnen mal eines sagen: Wenn Sie meinen, dass Sie in mir jemanden gefunden haben, bei dem Sie sich erstens über freche Kinder beschweren können und zweitens Ihre aus welchem Grund auch immer mit Fremdenhass geschwängerten Gedanken abladen können, dann haben Sie sich getäuscht. Außerdem ist meine persönliche Empfehlung, sich ein anderes touristisches

Urlaubsziel zu suchen, wenn Sie sowohl mit dem einen als auch mit dem anderen Thema ein Problem haben sollten. Ich habe Verständnis dafür, dass die momentanen gesellschaftlichen Veränderungen gerade in Ballungsgebieten zu Schwierigkeiten führen, und ich bin ganz Ihrer Meinung, dass hier noch längst nicht alles Menschenmögliche getan wurde beziehungsweise getan wird, um nachhaltige Lösungen zu finden. Für alle Seiten. Aber ich werde es nicht akzeptieren, dass Sie ein sechsjähriges Kind, egal ob frech oder nicht frech, zum Anlass nehmen, um Ihre politische Gesinnung in einem Atemzug mit der touristischen Gemeinde Hallig Hooge und deren Bewohnern zu nennen, und Letztere in die Verantwortung nehmen wollen, diesen, wie Sie es nennen, Zustand in Ordnung zu bringen!«

Mann, war ich sauer!

Unser Telefonat war dementsprechend schnell beendet. Wir hatten uns in einem durchaus vernünftigen Ton voneinander verabschiedet, aber mein Pulsschlag war in einem alles andere als vernünftigen Rhythmus.

Ein paar Tage beschäftigte mich dieses Telefonat noch, aber dann hatte ich es zum Glück vergessen. Bis zum Tag vor Heilig Abend. Bis zu diesem Moment, in dem ich jetzt den Stapel Papier von besagter Dame in Händen hielt. Ein handbeschriebener linierter DIN-A4-Bogen, auf dem sie ihre Enttäuschung über meine Haltung zum Ausdruck brachte, und das mit unmissverständlichen Worten. Ich sei ein Gutmensch, der Maßstäbe setzen würde, die ich gar nicht verantworten könne, las ich da, und ein paar Zeilen weiter stellte sie klar, dass Hooge zwölf Stammgäste verlieren würde und ich mit meiner Einstellung nicht nur der Hallig, sondern der Nation einen Schaden zugefügt hätte. Um das noch zu unterstreichen und mich vermutlich doch noch auf den »rechten Weg« zu leiten, hatte sie Zeitungsmaterial beigefügt, mit Inhalt, der auf polemischste Weise den Untergang sämtlicher deutscher Urlaubsparadiese und in Konsequenz der abendländischen Hochkultur prophezeite. Ich habe diesen Berichten noch nicht einmal eine Minute meiner Zeit gewidmet, nachdem ich erkannt hatte, um was es sich handelte.

So etwas hatte ich bis dato noch nie erfahren. Wut und ein anderes Gefühl machten sich in mir breit. Ich drehte das Kuvert noch einmal in meiner Hand, und mein Blick blieb erneut an der ungestempelten Briefmarke hängen. Wie konnte das sein? Wie kam dieser Brief, vermutlich aus Niedersachsen oder Nordrhein-Westfalen, wenn ich das richtig in Erinnerung hatte, ohne entwertete Briefmarke in mein Haus? Zum ersten Mal, seit ich auf der Hallig lebte, hatte ich ein mehr als mulmiges Gefühl, und für einen kurzen Moment fühlte ich mich in meinem Haus nicht sicher. Einmal mehr vermisste ich meinen Hund Chico an meiner Seite. Und das lag nicht an den in meinen Augen dummen Papieren, die sich innerhalb des Kuverts befanden, sondern daran, dass ich für einen Moment glaubte, dass sich eine Person in meinem Hausflur hatte aufhalten können, die ich eigenhändig im hohen Bogen rausgeschmissen hätte, wenn ich ihr persönlich begegnet wäre.

Alsbald verflüchtigte sich dieses Gefühl wieder und machte Platz für Wut und Ärger. Was für eine feige Art und Weise, so einen Mist anonym zu versenden! Das sagte ja eigentlich schon alles über den Charakter der Absenderin. Ich warf den Brief mitsamt den unsäglichen Zeitungsausschnitten kurzerhand in den Papierkorb und beschloss, der Dame und ihren Ausführungen keinen weiteren Gedanken zu »gönnen«. Im Gegenteil. Ich dachte an Jasina und erfreute mich an der Gewissheit, dass sie und ihre Geschwister bereits ein Weihnachtsfest auf Hooge erlebt hatten. Mit vielen ihnen zugewandten und wohlwollenden Menschen um sich herum, mit Frieden, Musik und Kerzenschein und auch mit Gottes Segen. Denn diese Kinder haben Weihnachten in Hooges wunderschöner und für alle Menschen offener Kirche verbracht. So, wie Kirche sein soll, und das vor allem zu Weihnachten. Und vor allem Kindern gegenüber. Und ich wünschte mir von ganzem Herzen, dass diese Kinder auch in diesem Jahr zum zweiten Mal ein Weihnachtsfest in Frieden würden verbringen können. Und das ist für mich eine Weihnachtsgeschichte, die aus dem wahren Leben kommt und weihnachtlicher gar nicht sein kann.

Nachtrag: Im März 2018 hielt ich zum zweiten Mal ein großes weißes Kuvert in Händen, wieder ohne Absender, dafür aber mit Aufklebern, die mich sofort erahnen ließen, in welche Richtung mich der Inhalt leiten sollte. Wenigstens war diesmal die Briefmarke abgestempelt. Die beigelegten Zeitungsausschnitte würdigte ich keines Blickes, aber ich musste zugeben, dass ich den Brief der anonymen Schreiberin mit gewisser Neugierde las. Schon bei der vierten Zeile musste ich lachen, denn sie hatte ja in ihrem ersten Brief noch von zwölf Gästen geschrieben, die sich geschlossen abwenden und Hooge nie wieder bereisen würden. Jetzt waren es nur noch acht. Also hatte sie entweder beim ersten Mal gelogen, oder vier ihrer Freunde hatten sich anders entschieden. Oder sie war einfach eine alte tüdelige Frau, die sich nicht mehr so ganz daran erinnern konnte, was sie noch vor drei Monaten geschrieben hatte. Das konnte ich gut nachvollziehen, denn ihre Zeilen konnte man nur vergessen.

KAPITEL 5

Hongkong und die Hallig im Herzen

Trotz der merkwürdigen Post, die mir für einen kurzen Moment die Weihnachtsstimmung zu vermiesen vermochte, verliefen die Weihnachtsfeiertage ruhig und gemütlich, so wie ich es mir gewünscht hatte. Vor allem mit viel Zeit für Gespräche mit meinen Eltern und unseren Gästen Barbara und Gert. Die beiden kamen schon seit einigen Jahren in das Haus am Landsende, kannten somit meine Eltern, und wir zelebrierten das Wiedersehen, kramten alte Geschichten hervor und sprachen über Veränderungen und Erlebnisse. So blieb es nicht aus, dass wir auch über das Reisen und Urlaubmachen sprachen.

»Wir wissen ja inzwischen so einiges, aber tatsächlich wissen wir nicht, wann Sie mal Urlaub machen, Katja«, sagte Barbara, als wir zusammen am Tisch in der Döns saßen. Tatsächlich siezten wir uns immer noch, sprachen uns aber mit den Vornamen an. Die beiden waren von der alten Schule, und ich genoss den Umgang mit ihnen.

»Wenn Sie wegfahren, wo fahren Sie dann hin?«, bohrte nun auch Gert interessiert. »Bestimmt brauchen Sie dann das komplette Gegenteil von dem, was Sie auf der Hallig haben, oder? Fliegen Sie einmal im Jahr in eine Metropole, um dann Großstadtluft zu schnuppern, ausgiebig zu shoppen, Kunst und Kultur aufzusaugen? Lassen Sie mich raten.« Die Neugierde war geweckt, aber Gert lag mit all seinen Vermutungen falsch. Vor allem, was die Häufigkeit meiner möglichen Reisen betrifft.

»Ganz so ist es nicht, lieber Gert. Abgesehen davon, dass ich wirklich selten richtig Urlaub mache, zieht es mich meistens auf eine Insel. Oder natürlich in die Berge, also Richtung München. Das war zwar nicht von Anfang an der Plan, aber irgendwie hat sich das so ergeben. Nach meinem Umzug auf die Hallig dauerte es mehrere Jahre, bis ich Urlaub machen konnte. Und der führte mich in eine Richtung, die sich ziemlich spontan ergeben hatte. Ich musste mal raus, und das am besten ganz weit weg, musste mal was anderes sehen – dachte ich.«

Ich stand auf, verließ kurz die Döns, in der wir es uns bei Kaffee, Kuchen und Kerzenschein gemütlich gemacht hatten, und kam nach einem kurzen Augenblick mit einem dicken Fotobuch wieder.

»Mein Weg führte mich nach Hongkong.«

Ich legte das Buch in die Mitte des Tisches, blätterte die erste Seite auf, und nach der Reihenfolge der Fotos fing ich an zu erzählen, als ob ich aus meinem Tagebuch vorlesen würde.

17. Januar – Omas Geburtstag. Wenn sie noch leben würde, wäre ich wahrscheinlich nicht mit meiner Freundin Constanze

auf dem Weg nach Hamburg gewesen, sondern würde diesen Tag mit ihr und meinen Eltern in Husum verbringen. Neun Jahre war es her, dass sie für immer eingeschlafen war. Aber irgendwie war sie trotzdem noch präsent. Die Lücke, die sie in meinem Leben hinterlassen hatte, war geblieben. Es fühlte sich gut an, sie bei mir zu wissen, denn davon war ich überzeugt. Auch wenn ich keine Angst vorm Fliegen hatte, ganz im Gegenteil! Aber es war doch eine lange Reise bis nach Hongkong, und man weiß ja nie ... An Omas Geburtstag zu fliegen, fühlte sich gut an. Oma würde schon auf mich aufpassen.

Constanze brachte mich zum Hamburger Flughafen. Schon im Auto machte sich Urlaubsstimmung breit, denn sie erzählte mir von ihren Urlauben in Asien und gab mir gute Tipps (»Kaufe das Anti-Mückenmittel immer in dem Land, in dem du deinen Urlaub verbringst. Asiatische Moskitos lachen sich über deutsche Mückenmittel schlapp!«). Die Ratschläge der fröhlichen, patenten Tourismusfachfrau waren für mich ein Geschenk. Wir hatten während der Fahrt nach Hamburg ausreichend Gesprächsstoff, und ich erzählte von meinen Reiseplänen. Wobei diese noch sehr vage waren, denn wirkliche Pläne hatte ich eigentlich nicht. Einen Freund besuchen. Raus und mal was anderes sehen hatten Priorität. Eine Auszeit wollte ich mir nehmen, nach den anstrengenden und ereignisreichen Jahren, die hinter mir lagen.

Also, ab in den Flieger und als Erstes nach London. Gefühls-Check: Ich freute mich auf meine Reise, hatte aber schon in diesem Moment Sehnsucht nach meiner kleinen, beschaulichen Hallig.

Wir starteten an diesem frühen Abend pünktlich, und bereits um zwanzig vor sieben flogen wir hoch über den Wolken auf 9.753 Metern bei einer Geschwindigkeit von 788 Stundenkilometern und einer Außentemperatur von -49 Grad Celsius über die Niederlande. Die Crew sprach ausschließlich Englisch, ich hatte das Gefühl, kein Wort zu verstehen. Es war eine Weile her, dass ich regelmäßig Englisch gesprochen hatte. Die Übung fehlte. Auf der Hallig brauche ich so gut wie nie Englisch. Die meisten Gäste sind deutschsprachig.

Kurz darauf waren wir über der Nordsee. Da kam ich doch gerade erst her! Um Viertel nach sieben war das Abbremsen der Maschine deutlich wahrzunehmen, die Crew erzählte wieder irgendwas, es ging runter, Kinder schrien. Großbritannien lag direkt unter uns und kam immer näher. Die Crew meldete sich erneut und erzählte etwas von »a little bit of turbulence«. Das hatte auch ich verstanden! Es wackelte ziemlich! Seit 15 Minuten flogen wir nur Rechtskurven! Ob die Jungs da vorne wussten, was sie taten? Als Nächstes drei Linkskurven, Landeanflug, Wackeln und schließlich um drei Minuten nach acht Touchdown, sieben Minuten später »angelegt«.

Willkommen in London. Gefühls-Check: Mein Gott, was für Menschenmassen auf einem Haufen – ich will hier weg!

Um 21.25 Uhr saß ich nach dem Umsteigen wieder am Fenster und starrte in die Londoner Nacht. Neben mir ein älteres chinesisches Ehepaar. Ich war müde und hoffte, gleich für die nächsten zehn Stunden schlafen zu können. So sehr ich mich auf die große weite Welt freute, so sehr wurde mir jetzt schon deutlich, wie sehr ich den wunderbaren kleinen Flecken Erde, der nun schon ein paar Jahre meine Heimat war, bereits vermisste.

Um kurz nach 22 Uhr waren wir bereits wieder auf einer Höhe von 9.448 Metern, und ich stellte fest, dass wir den gleichen Weg zurückflogen. Wieder über die niederländischen Inseln, wieder über die Nordsee. Wir flogen über Wilhelmshaven, und ich überlegte kurz, ob ich hier wohl aussteigen könnte. Ich war hin- und hergerissen. Auf der einen Seite wollte ich abschalten und mich völlig unbefangen auf meine Auszeit einlassen, aber auf der anderen Seite konnte ich nicht loslassen. Meine Gedanken kreisten immer noch um meine alltäglichen Abläufe auf der Hallig.

Ein Lächeln machte sich auf meinem Gesicht breit, als mir klar wurde, genau das lernen zu müssen, was ich meinen Gästen immer vorsage: Loslassen und Abschalten. Offensichtlich fiel das auch mir nicht gerade leicht.

Um zwanzig vor elf war ich immer noch aufgekratzt und unruhig. Eine Baldriantablette sollte Abhilfe schaffen, denn ich wollte unbedingt schlafen. Aber vorher gab es noch Abendessen. Über der Ostsee, irgendwo zwischen Malmö und Stralsund, servierte mir ein freundlicher Flugbegleiter Chinese Chicken in Zwiebelsoße mit Reis und Mu-Err-Mushroom-Pampe. Gegen Mitternacht kam ich endlich zur Ruhe, irgendwo über dem tiefsten Russland.

Als ich um zwanzig nach sechs erwachte, lagen noch rund zweieinhalb Stunden Flug vor uns, und draußen waren es -61 Grad Celsius. Diese Temperatur übertraf meine Vorstellungskraft. Für einen kurzen Augenblick dachte ich an die Momente, in denen der Ostwind auf der Hallig einem Körper und Stimmung erfrieren lässt, schob diese unangenehmen Gedanken aber schnell wieder in weite Ferne.

Es roch nach warmem, fleischlastigem und in Fett getränktem Frühstück. Um halb sieben bekam ich einen Orangensaft serviert. Es war immer noch dunkel in der Kabine, und die schlafenden Chinesen neben mir gaben keinen Mucks von sich. Immer noch 1.774 Kilometer bis zur Landung in Hongkong.

Um zwanzig vor acht kamen endlich Licht und Leben in den Flieger. Frühstück! Ich hatte die Wahl zwischen Omelette mit Pilzen in irgendeiner Pampe und einem English Breakfast, also warmer Wurst mit Pilzen und einer gelben Pampe. Ich entschied mich für die Light-Variante in Form eines Fruchtjoghurts, den Minimuffin und den Orangen-Mango-Smoothie. Zu trinken gab es »Just water, please!«.

Noch 244 Kilometer zu fliegen. Chinesisches Land war unter uns zu sehen. Grobe Gebirgszüge und ein riesiger Fluss! Ich fragte meinen inzwischen erwachten Nachbarn nach dem Namen des Flusses.

»Oooh, that's Chinese Sea! That's Chinese Sea!«

Etwas später sollte sich herausstellen, dass er sich täuschte, aber das bemerkte er gar nicht. Meine Ansprache war das Startsignal für den Herrn neben mir, ohne Punkt und Komma in einem für mich schwer bis gar nicht verständlichen Chinesisch-Englisch-Kauderwelsch auf mich einzureden. Irgendwann wurde mir klar, dass er mir von dem Krieg in Pakistan erzählte. Wollte ich das jetzt wissen? Manchmal ist es ganz gut, wenn man nicht allzu viel versteht.

Noch eine halbe Stunde bis zur Landung. Nun befand sich tatsächlich das Südchinesische Meer unter uns! Schiffe, Inseln und an der Küste eine riesige graue Stadt, und überall waren Gebirgszüge zu sehen.

Um fünf vor zehn berührten die Räder unseres Fliegers den Boden. »Willkommen in Hongkong«, ertönte es durch die Lautsprecheranlage. Wir hatten jetzt vier Uhr nachmittags Ortszeit – was für ein Zeitsprung! Und schon waren meine Gedanken wieder zu Hause. Auf der Hallig hatten die Urlaubsgäste im Haus am Landsende jetzt vermutlich gerade ihr Frühstück beendet und drehten gut eingepackt eine erste Runde am Deich.

Eine Stunde später hatte ich sämtliche Kontrollen und Einreiseprozeduren hinter mich gebracht, mein Gepäck gefunden, mich zwanzig Minuten im Waschraum aufgehalten und war fünfmal planlos hin- und hergelaufen, weil der Geldwechselautomat für mich nicht auffindbar war. Geldwechselautomaten – auf Hooge haben wir noch nicht einmal einen einfachen Geldautomaten! Dafür gibt es eine Zahlstelle. Wer im Besitz einer EC-Karte ist, kann sich dort Bargeld auszahlen lassen. Ein kleines Gerät, das ein paarmal knattert, sobald die Karte eingelesen ist, ein Küchentisch neben dem gemütlichen Kachelofen, der heimelige Wärme ausstrahlt, eine Unterschrift, und dann ist das Bankgeschäft perfekt! Auf friesisch-charmante Art wird das Geld bar ausgezahlt. Persönlicher geht es nicht! Einzahlungen sind natürlich auch möglich.

In diesem Moment saß ich allerdings nicht neben dem einladenden Kachelofen auf der Backenswarft, sondern am internationalen Flughafen in Hongkong. Und während ich noch meinen Gedanken nachhing, entdeckte ich, dass der Geldwechselautomat genau vor mir stand, zwei Stuhlreihen weiter von der Bank, auf die ich mich vor ein paar Minuten erschöpft hatte fallen lassen. Gefühls-Check: Entschleunigen würde mir jetzt guttun. Ich merkte, dass ich noch gar nicht richtig angekommen war. Zwei-, dreimal tief durchatmen, und dann kaufte ich mir das Ticket für den Hochgeschwindigkeitszug nach Hong Kong City für einhundert Hong Kong Dollar.

Noch schnell zu McDonald's, »Just one Cola diet, please«. Wann war ich eigentlich das letzte Mal bei McDonald's gewesen?

Auf Hooge gibt es natürlich keinen, und auf dem Festland ist das nächste Fast-Food-Restaurant in Bredstedt. Dort war ich allerdings noch nie. In München kam das am Wochenende des Öfteren vor. Morgens ganz früh nach dem Diskobesuch, und der ist auch schon eine ganze Weile her ...

Bevor meine Gedanken tief in meine Vergangenheit reisen konnten, fuhr der Zug hinter einer geschlossenen Glaswand ein. Uniformierte Damen mit schneeweißen Handschuhen standen an den Türen, wiesen die Fahrgäste ein und halfen sogar beim Gepäck. Guter Service! Ob es in Deutschland irgendwo einen vergleichbaren Service gab?

Die dritte Station nach Tsing Yi und Kowloon war auch schon meine. Nicht umsonst hieß dieser Zug Hochgeschwindigkeitszug.

Abends um Viertel nach sechs wurde ich mit den Worten »Willkommen in Hong Kong City« in Empfang genommen. Harald, ein ehemaliger Kollege aus meinen Zeiten am Münchner Flughafen, holte mich direkt am Bahnhof ab, und wir fuhren mit dem Taxi ins nahe gelegene Hotel Harbourview. Harald lebte zu diesem Zeitpunkt in Haikou, der Provinzhauptstadt der Ferieninsel Hainan. Er war extra nach Hongkong gekommen, um mir die Stadt zu zeigen. Auch eine Taxifahrt ist für mich eine Seltenheit geworden, seit ich auf einem Eiland lebe, das ich in drei Stunden zu Fuß umrunde. Deshalb sog ich alle Informationen und Eindrücke wie ein Schwamm in mich auf. Unser Taxi war rot. Die roten Taxen fahren fast überall in Hongkong, wie ich lernte. Neben diesen gibt es auch noch für bestimmte Stadtteile grüne und blaue. Auf Hooge gibt es kein einziges Taxi, geschweige denn eine Tankstelle.

Harald und ich haben am Münchner Flughafen in der gleichen Abteilung gearbeitet. Ein paar Jahre nachdem ich

München verlassen habe, ging auch er von München weg. Wechselte ich nur auf die rund eintausend Kilometer entfernte Hallig in der Nordsee, zog es ihn noch weiter weg, nach China. Da der Kontakt zwischen uns nie abgerissen ist, hatte ich die Chance, ein Land zu entdecken, das ich mir allein niemals ansehen würde. Selbst für die paar Tage nicht, die nun vor mir lagen. Ich war sehr gespannt, was mich hier erwarten würde, und schon stürzten wir uns in den ersten, unterhaltsamen Abend im urbanen Viertel Kowloons, das wir per Wassertaxi erreichten. An das Essen würde ich mich wohl erst noch gewöhnen müssen. Auf Hallig Hooge gibt es zwar eine Handvoll Restaurants, aber keines, das ausländische Küche anbietet. So war ich natürlich auch aus der Übung, sowohl was das Essen mit Stäbchen betraf als auch was die Zuordnung der unterschiedlichsten Gewürze beinhaltete. Die Lichtshow, die Hongkong jeden Abend an und auf den Wolkenkratzern bietet, war schon sehr beeindruckend und von gegenüber (also von Kowloon aus) sehr gut zu sehen. Buntes Treiben, untermalt mit Musik, zog unendlich viele Zuschauer an. Eine Lichtshow der etwas anderen Art haben wir auf Hooge auch, denn nachts ist es dort stockdunkel, da wir keine Straßenbeleuchtung und natürlich keinerlei Leuchtreklamen haben. Dafür können wir aber in einer dunklen Nacht unendlich viele Sterne klar und leuchtend sehen.

Um elf Uhr lag ich endlich im Hotel im Bett. Gefühls-Check: Es fühlte sich an, als ob ich zwei Tage auf stürmischer See verbracht und jetzt Landgang hätte.

Am nächsten Morgen schien die Sonne bei 22 Grad im winterlichen Hongkong, und es ging mit der Tramway, liebevoll »Ding Ding« genannt, durch die Stadt – abenteuerlich bei diesem Verkehrsaufkommen! Ich war heilfroh, dass ich nicht selbst Auto fahren musste, und das lag nicht nur an dem befremdlichen Linksverkehr! Ich wäre hier hoffnungslos verloren, und das, obwohl ich eigentlich eine gute und leidenschaftliche Autofahrerin bin. In Hongkong war wirklich alles unterwegs: Fußgänger, Fahrradfahrer, Mofas, Taxis, Busse, Straßenbahnen und ohne Ende Pkw. Mein Blick verfolgte vor allem die Zusteller, die auf den Fahrrädern unterwegs waren. Alle erdenklichen Waren wurden auf ihren Gepäckträgern, in den Lenkerkörben oder in Plastiktüten transportiert. Gasflaschen wurden auf diese Weise von A nach B geliefert, ebenso wie Blumen und frisch geschlachtete und bereits portionierte Hühner. Diese Fahrradkuriere waren in meinen Augen die wildesten Verkehrsteilnehmer.

Ebenso beeindruckte mich ein weiteres Gefährt, nämlich die längste überdachte Rolltreppe der Welt, auf der wir während der achthundert Meter langen Fahrt zwar keine Autos und Räder, dafür aber Menschenmassen um uns hatten. Auch hier wurde ich erneut mit der Gegensätzlichkeit meines eigentlichen Lebens auf Hooge konfrontiert: Es gibt auf den Halligen keine Rolltreppen. Wenn ich mich recht entsinne, gibt es auch keine in den umliegenden Städten. Die nächste Rolltreppe gibt es vermutlich erst wieder in Flensburg. Das war mir bisher noch nie aufgefallen.

Wir passierten Stände mit Handelswaren unterschiedlicher Art, so wie auf einem riesigen Markt. Kleidung wie Seidengewänder und Kaschmir-Schals, prunkvoll geschneiderte Lotus-Schuhe, bei deren Anblick mir automatisch die Füße schmerzten. Lebensmittel in allen Varianten: lebendig, frisch geschlachtet, getrocknet, platt gewalzte und hochkant gestapelte Hühner und Enten und natürlich Fisch- und Schlangenprodukte aller Art. Zum Teil ganz schön gruselig. Und alles für den potenziellen Kunden zum Anfassen auf den Ladentischen. Unglaublich! Natürlich gab es auch unzählige Vogelkäfige, in denen auf kleinstem Raum Zier- und Singvögel feilgeboten wurden. Dieser Anblick schmerzte mich viel mehr als der Anblick der Lotus-Schuhe, und ich versuchte, Herz, Augen und Ohren gleichzeitig zu verschließen und so schnell wie möglich an diesem Grauen vorbeizukommen.

Der Anblick von Orchideen, die ein unüberschaubares Farbenmeer darstellten, beruhigte mich ein wenig. Orchideen in allen denkbaren Farben, von Weiß über Gelb, sämtlichen Rosanuancen bis ins dunkle Aubergine. Wunderschön sah diese Blütenpracht aus.

So richtig durchatmen konnte ich erst im Hong Kong Park, einer grünen Oase, in der man absolut nichts von dem geschäftigen Treiben dieser Metropole mitbekam. Im Gegenteil. In diesem Park schien tatsächlich so etwas wie Entschleunigung stattzufinden. Die Menschen liefen langsamer, unterhielten sich ruhiger, und das vor allem von Angesicht zu Angesicht und nicht über ein Handy. Es gab Gruppen, die Tai-Chi oder Yoga machten. Diesen Moment der Ruhe genoss ich, nahm erst jetzt bewusst die wärmende Sonne wahr und ließ mich von dieser Stimmung regelrecht einfangen. Draußen regierten Lärm und Hektik das Leben, und hier im Park wurde Entschleunigung gelebt.

Bunte Schmetterlinge flatterten von Blüte zu Blüte, zartgelbe, rote und orangefarbene Kois tummelten sich in den Bächen, die sich durch den Park schlängelten, Wasserschildkröten lagen in Familienbanden auf Steinen und tankten Sonne. Hier flatterten immer wieder Kakadus über unsere

Köpfe hinweg, und aus den Bäumen ertönte vielstimmiges Vogelgezwitscher.

In diesem Park schienen die Uhren langsamer zu ticken. Wie es ja auch manch einem auf der Hallig vorkommt, die auch oft mit einer Oase verglichen wird. Ich fühlte mich wohl und ließ alles auf mich wirken, saugte die Eindrücke regelrecht auf.

Als wir den Park verließen, entdeckten wir gegenüber dem Ausgang ein Café, in dem man kostenfrei das Internet nutzen konnte. »Das ist hier so üblich«, erklärte Harald mir. Großartige Sache, denn so konnte ich zum ersten Mal seit meiner Abreise eine E-Mail nach Hause versenden, in der ich auch direkt von dem kostenfreien WLAN in einem öffentlichen Café berichtete. Das ist auf Hooge keine Selbstverständlichkeit.

So langsam realisierte ich, dass ich in einer ganz anderen Welt unterwegs war. Diese Konfrontation fand ich wirklich spannend. Immer häufiger fällt mir auf, was in der großen weiten Welt alles normal ist, was einfach zum Fortschritt dazugehört, Trend oder einfach nur chic ist. Es fiel mir hier und jetzt in dieser Fremde besonders auf, da ich so vielem Neuem begegnete und es manchmal ganz überrascht und neugierig betrachtete. Alice im Wunderland lässt grüßen, nur dass ich Katja heiße, von der Hallig komme und durch Hongkong marschierte. Zum Glück mit Harald an meiner Seite und nicht mit einem Kaninchen, sonst wäre ich wohl überfordert gewesen.

Mit der Peak Tramway, die seit über hundert Jahren in Betrieb ist, ging es rund 550 Meter auf den Victoria Peak. Von dort bot sich uns eine gigantische Aussicht auf Hongkong. Wir blickten von ganz oben auf die Metropole, und hier erschloss sich erst recht die Dichte, die nun noch einmal ganz anders wirkte. Es war einfach nur unglaublich voll! Ein Hochhaus reihte sich an das nächste, manche sahen wirklich toll aus, architektonisch einmalig. Sie schimmerten in den warmen Farben der allmählich untergehenden Sonne. Andere Häuserblocks waren einfach nur plumpe Kästen, und ich mochte mir gar nicht vorstellen, wie es sich darin wohnen ließ. Wahrscheinlich wie Streichhölzer in einer Schachtel. Ich war beeindruckt und betroffen zugleich.

Bevor sich wieder Sehnsucht nach der übersichtlichen Beschaulichkeit meiner Hallig breitmachen konnte, traten wir langsam den Rückweg an. Es war inzwischen recht windig und kühl geworden. Auf dem Fußweg nach unten überkam uns der Hunger, und wir suchten ein Restaurant. Wir stießen auf einen chinesischen Italiener. Ich hatte seit einer gefühlten Ewigkeit nicht mehr bei einem Italiener gegessen. Mein Magen sagte mir in diesem Moment unmissverständlich, dass es viel zu lange her war. Die hausgemachte Lasagne, die uns als Tagesempfehlung angeboten wurde, hatte es mir sehr angetan, denn die Chinesen sind ja Nudel-Künstler, aber darauf hätte ich eine halbe Stunde warten müssen. Bis dahin wäre ich verhungert! Somit entschied ich mich für eine Pizza Rucola. Sie war köstlich.

»Da muss man erst ans andere Ende der Erde fahren, um die weltbeste Pizza zu essen«, sagte ich mit noch vollem Mund zufrieden kauend zu Harald.

»Dieses Restaurant trägt seinen Namen zurecht«, fand auch Harald. Sympatico – toller Service, frische und vor allem hausgemachte Gerichte. Wirklich sehr sympathisch!

Um kurz nach zehn hatte ich eine herrliche Bettschwere, denn wir waren den ganzen Tag durch (fast) ganz Hongkong gelaufen.

Am nächsten Tag, es war ein diesiger Morgen, saßen wir in einem Turbo-Jet nach Macao. Schon wieder so ein offensichtlicher Gegensatz: Auf den Halligen werben wir mit Entschleunigung, Ruhe und der hörbaren Stille. Die Fähre zwischen dem Festland und Hallig Hooge benötigt rund 75 Minuten für eine Strecke von ungefähr zwölf Kilometern Luftlinie, zur Hallig Langeneß fährt man eine halbe Stunde länger. In Schlangenlinien geht es durch das Wattenmeer, denn die Fahrrinne muss eingehalten werden. Und hier, zwischen Hongkong und der fünfzig Kilometer entfernten Halbinsel Macao, fuhren wir auf Tragflügelbooten rund eine Stunde mit Highspeed über das Südchinesische Meer. Da lobe ich mir die Entdeckung der Langsamkeit im Weltnaturerbe Wattenmeer.

Auf Macao angekommen, stürzten wir uns direkt ins Getümmel, denn die meisten Sehenswürdigkeiten waren sehr gut zu Fuß zu erreichen. Igreja de São Domingos, Ruínas de São Paulo, Monte Fort oder der Jardim de Lou Lim loc waren wirklich sehr schön und zeigten eine interessante Mischung der Geschichte Macaos. Bis 1999 war Macao eine portugiesische Kolonie, und das hat Spuren hinterlassen. Macao soll einmal tatsächlich von immergrünem tropischem Regenwald bewachsen gewesen sein. Bevor alles für die Industrie abgeholzt wurde. Heute ist Macao ein Glücksspielparadies mit zahlreichen Casinos und Hotels. Das »Las Vegas des Ostens«, wie die Stadt auch genannt wird, zieht vergnügungs- und spielfreudige Besucher aus aller Welt an, die in diesem El Dorado des legalen Glücksspiels Glück und Zerstreuung suchen.

Fernab von den Wegen, die die Touristen üblicherweise einschlagen, wirkte diese Halbinsel absolut nicht schillernd, und von dem Einfluss Portugals war nichts, aber auch gar nichts zu sehen. Endlos viele Hochhäuser in tristen Farben und mit dreckigen Fassaden. Balkone reihten sich aneinander wie Schuhkartons in einem Schuhzentrum mit Lagerverkauf. Straßen führten unmittelbar daran vorbei, laut und stinkend, und trotzdem hing überall die Wäsche draußen. Auch hier gab es schöne Parkanlagen, in denen man das alles für einen Moment vergessen konnte, aber wehe, man war wieder draußen an der Straße.

Als wir wieder Richtung Fährhafen unterwegs waren, schlugen wir einen Weg ein, der anscheinend über eine Treppe durch eine Art Park führen sollte. Immer steiler ging es abwärts, es wurde immer dunkler, und letztendlich gab es auch keine Stufen mehr. Wir standen auf einem Schotterweg, denn von jetzt auf gleich hörte die Treppe kurz vor dem Boden auf. Zögerlich liefen wir auf diesem Weg weiter, der schließlich auf einer Großbaustelle endete. Wir standen vor einem hohen, verschlossenen Maschendrahttor. Ich wollte schon unten durch robben, denn zum Boden waren gute dreißig Zentimeter Luft, als Harald sagte: »Sollen wir nicht besser durch das Loch dort steigen?« Tatsächlich befand sich einen knappen Meter rechts neben mir ein riesiges Loch im Maschendrahtzaun. Weiter ging es vorbei an einer Schranke und an einem ... Wächter? Wache hielt der allerdings nicht. Ganz im Gegenteil! Schließlich kamen wir noch an einem tief und fest schlafenden Hund vorbei. Zwischenzeitlich hatte sich ein etwas mulmiges Gefühl in meiner Magengegend eingeschlichen.

»Ich möchte nicht wissen, was uns passiert, wenn wir hier erwischt werden«, raunte ich Harald zu. »Im Dunkeln auf einer Großbaustelle und der chinesischen Sprache nicht mächtig ...« Meine Befürchtungen waren zum Glück völlig unberechtigt, denn just in diesem Augenblick kamen wir dort heraus, wo wir auch hinwollten. Der Fährhafen war schon in Sichtweite. Gerade als wir das Gelände verließen, fing der Hund kräftig an zu bellen. Was auch immer ihn geweckt hatte, wir waren aus dem Staub. Im wahrsten Sinne des Wortes.

Macao ist nicht so mein Fall, Glücksspiel noch viel weniger. Und dann diese vielen Menschen auf einem relativ kleinen Fleckchen Erde. Macao hat eine enorme Bevölkerungsdichte, noch dazu einen relativ hohen Anteil an alten Menschen. Diese Gedanken rufen mir die Reaktionen derer in Erinnerung, die das erste Mal davon hören, dass wir auf Hooge zwischen April und Oktober bis zu neunzigtausend Tagesgäste haben. Und das auf einer Fläche von knapp sechs Quadratkilometern. Das bringt der Tourismus eben überall auf der Welt mit sich – Touristenströme. Aber wenigstens ist es auf Hooge dabei nicht so laut. Für meine von der Halligruhe verwöhnten Ohren war das bunte Treiben in Macao alles andere als Urlaub! Und wir haben auch wesentlich weniger motorisierte Zweiräder auf der Hallig – keine zehn! Hier schienen alle auf Motorrollern unterwegs zu sein. Und die sorgten für das entsprechende ohrenbetäubende Getöse.

Der nächste Ausflug führte uns per Reisebus nach Shenzhen, eine moderne Metropole südlich von Hongkong. Ich saß am Fenster und ließ die Eindrücke, die ich in den letzten Tagen gesammelt hatte, Revue passieren. Ganz schön viele Eindrücke waren das. Richtig nervig empfand ich das ständige Gebimmel, Geklingel, Gehupe oder Gepiepse in Einkaufshallen, Ein- und Ausgängen, Bahnstationen, bei Bus- und Bahnticketschaltern. Smartphones ohne Ende! Ich glaube, Chinesen kommen schon mit einem Smartphone auf die Welt! Unglaublich! Direkt von der Hallig nach Hongkong – krasser kann der Gegensatz gar nicht sein. Was hier alles in drei Tagen auf mich eingeprasselt ist, hatte ich in den vergangenen fünf Jahren nicht erlebt. Und dann auch noch überall Klimaanlagen. Bei diesen Menschenmassen geht es zwar kaum ohne, aber warum müssen die denn ganz so kühl und pustig eingestellt sein? Da entwickelt sich bei mir ja schon fast eine Sehnsucht nach dem Ostwind auf der Hallig. Der ist wenigstens natürlichen Ursprungs.

Abends um kurz vor neun saßen wir in einem Flugzeug der China Southern Airlines nach Haikou, der Hauptstadt der Insel Hainan. Fünfzig Minuten Flugzeit lagen vor uns.

In Haikou angekommen, steuerten wir zielstrebig das Parkhaus an, luden das Gepäck ein und verließen das Flughafengelände. Harald steuerte den Wagen souverän durch den dichten Verkehr, während mir auf dem Beifahrersitz angesichts der Straßenverkehrssituation ganz anders wurde. Im Vergleich zum Straßenverkehr in Hongkong eine Steigerung von einhundert Prozent! Im Vergleich zu Hallig Hooge eine Steigerung von eintausend Prozent! Trotz des wieder vertrauten Rechtsverkehrs sendete ich innere Stoßgebete gen Himmel und hoffte, dass Harald wusste, was er tat. Auch auf Hooge teilen sich Auto- und Radfahrer sowie Kutschen und Fußgänger eine Straße, dennoch ist das übersichtlich. Ausnahmen gibt es auch dort, keine Frage. Auch hier fährt man mal zu schnell, und es tauchen plötzlich Menschenansammlungen auf, wenn man um die Warft herumfährt, die dann kurzfristig einen Autofahrer ausbremsen, aber das regelt sich alles recht schnell von allein. Aber hier, im tiefsten China?! Regeln gab es hier scheinbar gar keine, und vor allem nicht für Fußgänger sowie Zwei- und Dreiräder aller Art. Hier herrschte heilloses Durcheinander, und das sogar mitten in der Nacht! Ich versuchte mir vorzustellen, wie es hier tagsüber, zur Rushhour, zugehen musste.

Wir fuhren gut eine Stunde durch die Nacht, und allmählich kehrte wieder Ruhe ein. Sowohl im Straßenverkehr als auch bei mir. Ich konnte immer noch nicht ganz glauben, dass ich so weit von der Hallig entfernt war, in einem Land, das bis dato völlig unerreichbar und vor allem völlig unnahbar für mich war.

Kurz nach ein Uhr morgens lag ich endlich im Bett, nachdem mir Harald noch kurz seine Wohnung gezeigt hatte. Die geräumige und gemütlich eingerichtete Wohnung lag im 13. Stock, und die Wohnanlage war sehr ruhig und ordentlich, wie ich am nächsten Morgen feststellte. Harald musste kurzfristig ins Büro, daher war ich allein zu Hause. Es gab einen Pool im Innenhof, eingerahmt von ein paar Palmen, aber er reizte mich nicht. Der Blick von oben nach unten war gut, aber umgekehrt konnte ich es mir nicht vorstellen. Umgibt mich sonst unendliche Weite, stellt sich meinem Blick normalerweise nichts in den Weg, wenn ich ihn über das Halligland und die Nordsee schweifen lasse, so bekam ich hier allein bei der Vorstellung, dort unten am Pool zu liegen, Beklemmungen. So blieb ich den ganzen Tag auf dem Balkon, genoss die Sonne, arbeite ein paar E-Mails ab und versuche zu realisieren, was für eine unglaubliche Reise vier Tage zuvor für mich begonnen hatte. Das erste Mal seit dem Start wurde mir bewusst, dass ich nichts zu tun hatte, keine Aufgaben erledigen musste und tatsächlich Urlaub hatte. Hatte ich mich in den letzten Wochen und Monaten nach Abwechslung und Nichtstun gesehnt, fühlte es sich jetzt ungewohnt und fremd an.

Ehe ich mich versah, war es früher Abend.

»Wir haben eine Verabredung und müssen um halb sieben im Restaurant sein«, begrüßte mich Harald, der zu mir auf den Balkon gekommen war, ohne dass ich seine Ankunft bemerkt hatte.

Ein chinesischer Kollege, seine Familie und eine weitere Freundin erwarteten uns in einem riesigen Lokal mit vielen Nischen. In einer von diesen war unser Platz. So hielt sich die Lautstärke im Rahmen. Viele Eindrücke prasselten auf mich ein, und dann auch noch alles auf Englisch.

Die beiden Frauen unserer Gesellschaft verwickelten mich in ein Gespräch. Wir unterhielten uns über die verschiedenen Speisen, die auf dem Tisch standen. Ich hatte gebratene Nudeln mit Gemüse und Hühnchen bestellt. Noch war ich nicht mutig genug, um in China kulinarische Experimente einzugehen. Eine gewisse Skepsis konnte ich nicht leugnen. Das ein oder andere probierte ich dann aber doch. Keine Ahnung, wie die Dinger hießen, die mir angeboten wurden. Sie sahen aus wie weiße, fluffige Seeigel mit unterschiedlichen Füllungen. Es handelte sich um einen Teig, der eigentlich ganz lecker war, und in diesem Fall sollte es sich um eine Gemüsefüllung handeln, die für mich allerdings eher undefinierbar schmeckte. Die Entengurgeln, die mir als Nächstes angeboten wurden, lehnte ich höflich ab. Das im Anschluss servierte Dessert sollte angeblich ein Schönheitsmittel sein. Kann nicht schaden, dachte ich mir, also her mit der Nuss! In einer offenen Kokosnuss wurde eine weiße, etwas glibberige Masse serviert. Sie bestand überwiegend aus Eiweiß und Ingwer ... und ein bisschen vom ... »frog«, so die Damen. Na ja, dass sie das selbst glaubten, konnte ich mir ehrlich gesagt nicht vorstellen! Und erst recht nicht, dass das tatsächlich da drin sein sollte, aber bitte, wenn's schön macht! Ich probierte mutig. Die Eiweiß-Ingwer-Frosch-Komposition hinterließ bei mir keinen besonderen Eindruck. Den Geschmack konnte ich nicht zuordnen. Eine dezente Schärfe war aufgrund des Ingwers keine Überraschung, ansonsten schmeckte es nach nichts. Und erst recht nicht nach Frosch! Auch wenn ich keine Ahnung davon habe, wie Frosch schmeckt.

Es war ein schöner Abend, dennoch war ich froh, als wir wieder im Auto saßen. Ein überschaubarer und vor allem ruhiger Raum. Unglaublich, wie lärmempfindlich ich in den Jahren auf der Hallig geworden bin. Zu viel Trubel um mich herum gibt mir tatsächlich ein Gefühl von Enge, und ich bewege mich inzwischen ungern in großen Menschenmengen. Diese Entwicklung war mir bisher nicht bewusst gewesen.

Wir mussten noch ein paar Dinge einkaufen, daher hielten wir bei einem Einkaufszentrum. Unglaublich! Die tatsächliche Größe konnte ich nicht erfassen, aber gefühlt umfasste dieses Gebäude locker die Hanswarft, die größte Warft auf Hooge, mit ihren rund zwanzig Häusern. Ein riesiges Kaufhaus, mit den unterschiedlichsten Waren, die man sich nur vorstellen konnte, und das in unfassbaren Mengen. Manches beeindruckte mich, manches schreckte mich ab. Lebendige Schildkröten, Frösche und Krebse auf engstem Raum eingepfercht, in schmierigen Aquarien standen Fische auf der Stelle. Von schwimmen konnte man hier nicht wirklich reden. Das war absolut nichts für mich. Auch diese übereinandergestapelten Fleischmassen schreckten mich ab, obwohl ich doch darüber schmunzeln musste, wie diese hier dargeboten wurden. Ohne Deckel, Tüte oder sonstigen Schutz, mitten im Verkaufsraum, wurden sie von unzähligen Kunden mit bloßen Händen von allen Seiten angefasst und begutachtet. Im Gegensatz dazu überlegen wir paar wenige Menschen in Deutschland, wie wir eine wiederverwendbare Dose im Ladengeschäft über die Wursttheke reichen können, damit der behandschuhte Verkäufer sie befüllen kann, ohne dabei eine Kontaminierung zu verursachen. Verrückte Welt! Ich glaube, dass fast alle Chinesen Hainans in diesem Laden unterwegs waren. An der Kasse ging es dann allerdings unerwartet schnell. Bei sechzig Kassen darf man das aber auch erwarten! Der Bereich von sechs Kassen in diesem Zentrum umfasste flächenmäßig die Gesamtgröße unseres Halligkaufmanns auf Hooge.

Ich war darüber hinaus verwundert, dass ich gedanklich immer noch so in meiner Halligwelt gefangen war, obwohl ich mich auf der anderen Seite der Erdkugel befand und außerdem Urlaub hatte. Mein Auftrag an mich lautete: Abschalten! Genau das Gegenteil war aber der Fall. Auch schlichen sich zugleich Verwunderung und Überzeugung darüber ein, dass das Halligleben, so beschaulich wie es ist, mich völlig zufrieden macht. Mit all dem Wenigen und in seiner Einfachheit.

Durch das absolute Verkehrschaos ging es durch die quirlige und für mich unüberschaubare Stadt zurück. Hoppla! Was war das denn?

»War das ein ferngesteuertes Fahrrad?«, fragte ich Harald. Beim zweiten Blick konnte ich es aber schon selbst erkennen. Eine zierliche Chinesin zog ein Lastenrad hinter sich her, das dermaßen mit Säcken bepackt war, dass sie tatsächlich auf den ersten Blick nicht zu sehen war. So lief sie gerade eben an meiner Seite vorbei. Langsam, aber sicher ging die Fahrt weiter, bis wir aus dem Knotenpunkt heraus waren und an dem schillerndsten Weihnachtsbaum vorbeikamen, den ich je gesehen habe. Er war riesig und über und über mit blauen und weißen Lichterketten bestückt. Ich konnte gar nicht erkennen, ob sich darunter ein echter oder ein künstlicher Baum befand. Zahllose, lebensgroße Weihnachtsmannpuppen waren rund um den Baum befestigt, als würden sie zur Spitze klettern. In China ging langsam das Jahr der Ratte zu Ende, und der senkrecht montierte, gelb leuchtende Büffel symbolisierte offenbar das kommende Jahr in der chinesischen Zeitrechnung, das am 26. Januar beginnen sollte. Neujahr wird hier zwischen Januar und Februar immer zu Neumond gefeiert. Diese Feierlichkeiten dauern rund zwei Wochen. Aus diesem Grund herrschte hier auch eine Stimmung wie bei uns am 31. Dezember eines jeden Jahres. Überall hingen rote und orangefarbene Lampions, es gab Banner und Knaller in sämtlichen Variationen zu kaufen. Die Chinesen waren in Partylaune.

Am nächsten Morgen führte mein erster Weg direkt an den PC, um E-Mails zu beantworten – aber es waren keine Mails da, und mein Blick blieb ungläubig am Bildschirm hängen. Keine E-Mails?! Nebenbei lief über das Internet mein Heimatradiosender Bayern 3. Das Gefühl von Heimweh hatte sich eingenistet. Aber Heimweh nach was, nach welchem Ort? Im Augenblick konnte ich gar nicht sagen, was ich mehr vermisste: meine Heimat, den beschaulichen Ort, an dem ich meine Kindheit und Jugend verbracht habe und dessen Radiosender ich gerade eingeschaltet hatte, oder eher die Hallig? Der Ort, den ich mein Zuhause nenne? Ich wusste es nicht. Ich wusste nur, dass dieses Gefühl furchtbar beklemmend war, und das gefiel mir gar nicht. Kurzerhand schickte ich die nebenbei verfasste E-Mail mit meinem Musikwunsch an den Sender ab. In München war es kurz vor Mitternacht, und die Zuhörer durften sich Titel wünschen. Ich wollte *It's My Life* von Bon Jovi hören, in der Hoffnung, dass der Song mich motivieren und wachrütteln würde. Das hat er auch damals während meines Umzugs von München nach Hooge getan. Tatsächlich wurde meine E-Mail keine halbe Stunde später vorgelesen. Wahnsinn! Da ziehe ich auf die kleine Hallig Hooge, reise nach China, um mir von dort aus bei Bayern 3 ein Lied zu wünschen, weil mich gerade das Heimweh packt. Wie verrückt! Bon Jovi wurde leider nicht gespielt, weil dieser bereits vor einer Stunde lief, so der Moderator, aber er grüßte mich herzlich aus der Heimat. Nun gut, keine Motivation. So versuchte ich mein Heimweh mit den gestern gekauften Orangen zu vertreiben und setzte mich wieder auf den Balkon, von dem aus mein Blick ziellos über die umliegenden Dächer ging. Von den Orangen hatte ich mehr erwartet. Ehrlich gesagt schmeckten die nicht viel anders als in Deutschland. Am Pool tat sich immer noch nichts. Irgendwie war kein Leben in der Wohnanlage. Es sah alles gepflegt und ordentlich aus, das Wasser war einladend, aber nirgends regte sich etwas. Es war ruhig. Sehr, sehr ruhig. Aber die Stille hören konnte ich nicht. Das hört sich definitiv anders an!

Ich musste was tun, mir fiel die Decke auf den Kopf! Ich musste raus, an die Luft! Ich schnappte mir den Schlüssel, fuhr mit dem Fahrstuhl nach unten, raus aus der Haustüre, raus aus der Parkanlage und los. Ich entschied mich, einmal um »den Block« zu gehen und anschließend zur Fußmassage, die ein paar Häuser weiter angeboten wurde. Den Salon wiederzufinden, sollte ja kein Problem sein ...

Die Fußmassage hätte ich jetzt wirklich nötig, schoss es mir nach einer Stunde durch den Kopf. Ich wusste es heute Morgen schon: Ich hätte besser im Bett bleiben sollen! Verlaufen ... Das ist mir noch nie passiert! So ein Mist! Vor zwanzig Minuten hatte ich die Bank of China passiert, und da ich die gestern Abend aus dem Auto heraus gesehen hatte, wusste ich, dass ich nicht so weit von Haralds Wohnung entfernt sein konnte. Aber wo war nur diese Wohnanlage? Also noch mal! Ich nahm denselben Weg zurück, und meine Laune sackte mit jedem Schritt ein Stückchen tiefer in den Keller.

Zumindest fand ich die Bank wieder, aber was jetzt? Ich setzte mich auf eine Steinbank vor dem riesigen Bankgebäude und tat so, als ob ich mir interessiert und völlig entspannt das Gebäude und die Umgebung ansehen würde. Allerdings war ich weder interessiert noch entspannt! Der Bayern-3-Moderator hatte recht, als er sagte: »Katja, was tingelst du denn auch durch die ferne Welt? Komm zurück nach Hause!«

Würde ich ja gern, du Scherzkeks! Ich sagte mir die ganze Zeit: Mach es wie die Chinesen! Geh mitten auf der Straße, guck nicht nach links und rechts und lass dich durch kein Hupen oder Sonstiges beirren. Bloß nicht auffallen! Wie sollte ich das nur machen, wenn ich zum einen den Weg nicht kannte und zum anderen im Augenblick das Gefühl hatte, die einzige Blondine auf ganz Hainan zu sein? Es gab keine Straßenkarte, keine Straßennamen, kein Smartphone mit Google Maps und keine Ahnung – von Letzterem besonders viel! Gefühls-Check: Diese Situation stärkte nicht gerade mein Selbstbewusstsein! Oder noch einfacher: Schöne Scheiße!

Einen Versuch startete ich noch und probierte einen neuen Weg aus. Tatsächlich erkannte ich hier auch eine Gasse, in der ich schon zwei Stunden zuvor gewesen war, und war mir sicher, wieder auf dem richtigen Weg zu sein. Aber ich täuschte mich, und diese Gasse entwickelte sich in ihrem Verlauf noch schrecklicher als die erste. Sie wirkte auf mich wie ein Slum. Es lag sehr viel Müll herum, es war dreckig, die Menschen sahen arm aus und lebten auf sehr engem Raum. Sie schienen zwar alle eher desinteressiert bezüglich meiner Person zu sein, aber das machte mein Gefühl nicht wesentlich behaglicher. Nicht nur, dass ich nicht auffallen wollte, ich wollte vor allem nicht als europäische Touristin wahrgenommen werden. Ich wollte nicht den Eindruck vermitteln, mir hier bewusst die armen Menschen Chinas anzugucken. Ich schämte mich und wünschte mich weg! Weit weg! Das Weiteste, das für mich im Augenblick möglich war, war allerdings leider nur die Bank of China. Und hier saß ich erneut auf der Bank, und meine Stimmung war endgültig im Keller angekommen.

Ostwind kam auf. Ausgerechnet Ostwind. Und der Dunst über den Häusern wurde auch wieder dichter. Sollte mich jemand aus der Bank heraus beobachten, könnte man denken, dass ich einen Raubüberfall plante. Frau mit Sonnenbrille, kommt in unregelmäßigen Zeitabständen wieder, fotografiert, macht sich Notizen, manchmal sitzt sie, manchmal läuft sie hin und her ... Während ich so saß und grübelte, fiel mir eine Straße auf, die ich noch nicht abgelaufen war. Glaubte ich zumindest. Dort hing ein riesiges Mercedes-Schild über der Straße. Das wäre mir doch aufgefallen, wenn das der Nachhauseweg wäre. Nein, das konnte nicht der richtige Weg sein. Nur ungern gestand ich es mir ein, aber ich hatte mich so verlaufen, dass mir nichts anderes übrig blieb, als nach inzwischen über drei Stunden einen »Notruf« an Harald abzusetzen. Wie peinlich!

Harald kam nach einer knappen Stunde angefahren, sammelte mich ein, und keine drei Minuten später waren wir wieder in seiner Wohnanlage. Und welcher war der richtige

Weg? Der mit dem Mercedes-Stern natürlich. Am liebsten wollte mich in Luft auflösen und ganz schnell aus China verschwinden, und eine Fußmassage wollte ich auch nicht mehr. Ich fühlte mich ziemlich zerknirscht, und das Heimweh krabbelte langsam wieder Richtung Herz. Ich konnte nicht anders, ich musste meine Eltern anrufen.

»Hier schneit und stürmt es«, meldete meine Mutter am Telefon. So fühlte es sich in meinem Inneren auch gerade an, und das gefiel mir ganz und gar nicht. Aber Mama hatte recht! Ich sollte meine Reise in die Wärme genießen. So freute ich mich zwar darüber, kurz mit Hooge verbunden zu sein, war aber auch tatsächlich froh darüber, mich gerade in wärmeren Gefilden aufzuhalten.

Der nächste Tag auf Hainan begann allerdings sehr diesig. Wärmer als 14 Grad würde es heute wohl nicht werden. Mittags fuhren wir endlich zum Meer. Ich verspürte inzwischen eine regelrechte Sehnsucht nach dem Meer. Da das sommerliche Wetter eine Pause einlegte, erlebte ich wahre Nordsee-Winter-Verhältnisse: Raue See, eine starke Brandung, kalter Wind, und es war immer noch diesig. Also schon vergleichbar. Abgesehen von den Schiffen, die dort vorne im Hafen lagen. Traurige alte Kähne.

Wir gingen eine Weile schweigend am Strand entlang, und ich konnte endlich richtig tief durchatmen. Es war schön, Sand unter den Schuhen zu haben. Sandstrand haben die Halligen nicht, und dort fehlt er mir auch nicht, aber hier genoss ich ihn sehr. Dabei ließ ich meinen Gedanken freien Lauf. Das kann ich am Meer besonders gut.

Während der Fahrt zurück zur Wohnung hatte ich plötzlich eine andere Wahrnehmung bezüglich meiner Umwelt als bei den letzten Fahrten. Irgendwie kamen mir alle umliegenden Straßen viel vertrauter vor, und ich wusste ganz genau den Weg. Wie hatte ich mich nur so verlaufen können? Ich hätte mich schon viel früher von der frischen Brise durchpusten lassen sollen.

Das chinesische Neujahr stand vor der Tür. Bevor es so weit war, waren Harald und ich noch einmal zum Essen verabredet. Es gab Peking-Ente. Ein kulinarisches Erlebnis. Rundherum war es wieder unglaublich laut, aber das Essen war ein Hochgenuss, und die Gesellschaft sehr angenehm. Wir hatten einen wunderbaren und leckeren Abschlussabend, den ich sehr genoss. Dennoch machte sich das Gefühl bemerkbar, dass es an der Zeit war, mich auf die Heimreise einzustellen.

Das letzte Bild war ein Foto unserer Runde, auf dem wir mit bunten Cocktails anstießen. Ich schlug die letzte Seite des Fotobuchs zu und sah in Barbaras und Gerts erwartungsvolle Gesichter. Meine Stammgäste hatten mir aufmerksam zugehört und schienen jetzt auf eine Quintessenz oder eine Zusammenfassung zu warten.

»Verreisen ist großartig und auch wichtig«, erklärte ich abschließend. »Freunde treffen, den eigenen Horizont erweitern, ein Abenteuer erleben. Und sich auch wieder mal bewusst werden, was man zu Hause alles hat und was Zuhause überhaupt bedeutet.«

Metropolen reizen mich nicht. Natürlich wäre so manche eine Reise wert, aber tatsächlich sehne ich mich häufig nach Ruhe, Weite und Beschaulichkeit, wenn auch fernab von Hooge. Zwar lebe ich dort, wo andere Urlaub machen, und ich genieße das zu jeder Jahreszeit, aber ich arbeite dort eben auch, und der Alltag hat mich fest im Griff. Manchmal auch mit Ecken und Kanten. Da muss man sogar mal für einen Moment die Hallig verlassen. Aber eben nur für einen Moment.

KAPITEL 6

Manchmal ist Hallig ganz schön doof

»Gäbe es eine Akkreditierung zur Hallig-Botschafterin – sie wäre die Richtige«, war in der *Kreiszeitung* aus Niedersachsen nach meiner Lesung in Scheeßel zu lesen. Hannes, der Journalist, der mich auf das Herzlichste am Bahnhof begrüßte und zum Veranstaltungsort, dem Meyerhof, einem der historischen Fachwerkhäuser im Ortskern, brachte, stellte viele Fragen. Ebenso das Publikum, das an diesem Abend zum ersten Deich-Dinner eingetroffen war. Meine Lesung wurde mit einer wärmenden Suppe vorweg kombiniert. Das lockte viele Zuhörer in das gemütliche niederdeutsche Hallenhaus.

Wie so oft tauchte ich im Rahmen dieser Lesung wieder selbst ganz tief in das Halligleben ein. Nicht nur durch meine eigenen Erfahrungen, die ich durch die Texte immer wieder durchlebe, sondern vor allem durch die Antworten, die ich den interessierten Zuhörern geben darf. Nach fast jeder Lesung möchte man vieles über die Halligen wissen und wie es so ist, das Leben auf einer Hallig. So kommt es, dass ich mich ein ums andere Mal sagen höre: »Ja, manchmal ist es ganz schön doof, auf einer Hallig zu leben.« Wenn ich zum Beispiel aufgrund der Enge auf der Hallig in eine Falle tappe. Auch ich gehöre zu denjenigen, die steif und fest behaupten, dass es nicht wichtig ist, was andere denken. Und ich erinnere gern daran, dass Wahrheit und Wahrnehmung zwar sehr nah beieinanderliegen, aber dennoch unterschiedliche Dinge sind. Und trotzdem erwische ich mich dabei, dass es mich berührt oder sogar trifft, wenn ich erfahre, dass man etwas Negatives über mich gesagt hat.

Da gibt es Begebenheiten wie die folgende: Einen Tag saß ich noch mit Person X zusammen, und wir haben über Person Y gesprochen, weil wir unabhängig voneinander Probleme mit dieser haben. Am nächsten Tag fuhr ich mit meinem Auto über die Hallig und sah das Auto von X bei Y vor der Türe stehen. Schluck! Warum ist es so, dass einen in solch einem Moment ein mulmiges Gefühl erfasst? Warum kommen einem sogleich Argwohn, Skepsis und Misstrauen in den Sinn? Reden die beiden gerade über mich, oder erzählt X jetzt das, was ich gestern im Vertrauen gesagt habe? Warum denke ich nicht: Ganz bestimmt ist das ein Versuch, die Situation für uns alle besser zu machen?

Szenen wie diese sind nicht nur auf einer Hallig zu erfahren. Das ist ein menschliches, ein gesellschaftliches Phänomen. Aber auf einem so kleinen Flecken Land ist die Wahrscheinlichkeit um ein Vielfaches größer, in eine solche Situation zu geraten. Es geht auch gar nicht darum, was sich nun wirklich hinter der beschriebenen Situation verbirgt, sondern darum, wie Halligleute damit umgehen. Was lassen sie zu? Die negativen Gedanken, also Argwohn und Skepsis? Oder eher die positiven, also Vertrauen? Tatsächlich glaube ich, dass sich meistens eine dritte Alternative auftut: der Schnack.

»Ach, guck mal. Gestern noch saß ich bei ... und heute sehe ich das Auto von ... Da ist doch irgendwas im Gange ...«, könnte der mögliche Beginn einer Unterhaltung sein, die sich aufgrund der Beobachtung spontan ergibt. Und schon ist ein Schneeball ins Rollen gebracht, der sich zu einer Lawine auswachsen kann. Ein Schneeball, der sich auf dem Festland auch ebenso schnell wieder auflösen kann, aber auf einer Hallig, erst einmal angestoßen, eher schwer wieder einzufangen ist. Das macht das Halligleben manchmal anstrengend. Denn ob man will oder nicht, solche Schneebälle gibt es immer wieder, und früher oder später wird man auch von einem getroffen oder gibt ihn sogar selbst weiter, was noch nicht einmal bewusst oder gar mit böser Absicht passiert. Das geschieht in diesem Mikrokosmos sehr leicht. Ich glaube, dass man diesen Schneebällen woanders einfacher ausweichen kann. Das ist ein großer Unterschied zwischen dem Leben auf einer Hallig und dem Leben auf dem Festland. Halligleute können unangenehmen Situationen nicht (so leicht) aus dem Weg gehen. Egal, ob es der Nachbarschaftsstreit ist, eine Betriebsfeier, der auf die Sommermonate konzentriere Tourismus, die Verschmutzung der Meere oder so etwas Existenzielles wie der ansteigende Meeresspiegel.

Ein Streit unter Nachbarn führt im schlimmsten Fall dazu, dass man jahrzehntelang nicht miteinander spricht, was für andere Nachbarn anstrengend und für Familienangehörige durchaus belastend sein kann. Sitzt man doch fast täglich zwischen den Stühlen oder steht sogar zwischen den Fronten, denn irgendwie hat man auf einer Hallig immer miteinander zu tun. Familiär, beruflich oder aufgrund eines Mandats oder sogar durch mehrere dieser Verbindungen. Kann man das aussitzen? Wohl kaum.

Die Gemeinde ist der größte Arbeitgeber auf der Hallig Hooge. Zwei Hände voll Beschäftigte. Bloß weil wir zusammen auf einer Hallig wohnen, heißt das aber noch lange nicht, dass sich alle miteinander verbunden fühlen. Hier treffen unterschiedliche Charaktere und Bedürfnisse auf engstem Raum aufeinander. Stehen feierliche Anlässe an, die man als Vorgesetzte organisieren möchte, steht man schnell vor einer großen Herausforderung. Der kann nicht mit dem, eine Person kommt nicht, wenn jene Person dabei ist, ein anderer macht Dienst nach Vorschrift und investiert darüber hinaus keine private Zeit. Im Falle der Organisation einer Weihnachtsfeier kann das die Stimmung trüben, denn damit ist mein Bedarf an Bescherung bereits gedeckt. Aber was ist die Konsequenz daraus? Alle oder keiner? Dienstveranstaltung oder Privatvergnügen, Letzteres dann eventuell nur mit einer Handvoll Mitarbeiter statt der kompletten Mannschaft? Und wie wirkt sich sowohl die eine als auch die andere Entscheidung auf die gesellschaftliche Stimmung aus?

Der Tourismus ist die wichtigste Einnahmequelle auf Hooge. Daraus könnte man ableiten, dass dieser auch von allen vorangetrieben und mit Leben gefüllt wird. Das stimmt auch! Dieses Leben gestaltet sich aber genauso unterschiedlich wie die Bedürfnisse eines jeden Einzelnen. Der eine möchte ausschließlich Tagesgäste, der andere Übernachtungsgäste. Die einen sind im Sommer aktiv und wollen die Hallig im Winter für sich haben oder verlassen diese selbst in der kalten Jahreszeit. Wiederum andere sprechen von einer Entzerrung der

Hochsaison und wollen dafür etwas mehr Tourismus im Winter. Und es gibt die, die sich darüber einig sind, dass das Angebot auf den Speisenkarten ähnlich sein sollte, die Küche ab zwanzig Uhr kalt bleibt und der Betrieb montags gar nicht öffnet. Ausnahmen gibt es zum Glück, aber manchmal frage ich mich, wie lange diese Ausnahmen noch bestehen. Bestehen können (wegen der Doppelbelastung) und wollen (wegen des Solidaritätsprinzips). Jeder mag aus seiner Perspektive das Beste für seinen Lebensunterhalt geben, aber wie wirkt sich das nun wiederum auf das Stimmungsbild aus, das Außenstehende – also unsere Gäste – von uns wahrnehmen, aber auch auf Kollegen im Tourismus, die darauf angewiesen sind, dass es, um bei diesem Beispiel zu bleiben, auch im Winter mindestens einen geöffneten Restaurationsbetrieb gibt?

Auf der Hallig gibt es keine Umgehungsstraßen. Ebenso wenig kann ich mich in eine andere Abteilung versetzen lassen oder gar einfach den Arbeitgeber wechseln. Die Branchen sind an einer Hand abzuzählen. Konfrontation ist unvermeidbar. Und selbst wenn ich davon überzeugt sein sollte, im Tourismus mein eigenes Ding zu machen, ist das nur kurzsichtig gedacht. Letztendlich sind im Halligtourismus alle voneinander abhängig, denn wir sind viel zu klein, als dass ein unzufriedener Gast differenzieren würde, in welcher Wohnung oder Gaststätte, auf welchem Schiff oder welcher Kutsche er sich unwohl gefühlt hat.

Etwas anderes spielt ebenso eine Rolle. Es gibt hier zu wenig Veränderung oder auch Konkurrenz. Nicht umsonst heißt es ja, Konkurrenz belebt das Geschäft. Jahr ein, Jahr aus findet bei uns im Grunde das Gleiche statt. Die Saison beginnt zu Ostern, und die Gäste strömen auf die Hallig. Mal gelenkt, mal weniger gelenkt. Letzteres führt zeitweise zu einer Stimmung, die keinem gefällt. Einheimischen nicht, weil ihr Wohnort kurzfristig eingenommen und überrannt wird. Gästen nicht, weil sie sich abgefertigt fühlen. Servicepersonal nicht, weil sie nicht auf den Einzelnen eingehen können. Sogar den Pferden vor den Kutschen für die Tagesgäste ist manchmal anzumerken, dass sie nicht nur einfache Arbeitstage haben. In rund drei Stunden gucken sich ein paar Hundert Menschen alles an Sehenswürdigkeiten an, was sie erreichen können, gehen vielleicht noch schnell essen, kaufen eine materielle Erinnerung und reisen dann mit dem Schiff wieder ab. Fragt man sie, mit welchem Schiff sie angereist sind, erhält man nicht selten die Antwort: »Mit dem weißen.« Schon allein daran ist zu merken, wie schnell und unaufmerksam manchmal Gäste in ihrem Urlaub unterwegs sind. Schwierig wird es, wenn Einheimische, Langzeitgäste und Tagesgäste in der Hochsaison um die Mittagszeit aufeinandertreffen. Spätestens dann ist es vorbei mit der beschaulichen Ruhe auf einer Hallig. Von Entschleunigung keine Spur.

Ende Oktober endet die Saison dann auch schon wieder, einige der im Tourismus Beschäftigten verlassen die Hallig über die Wintermonate, ein paar Betreiber schließen im Winter die Pforten. Manche Schotten sind sehr dicht, andere öffnen sich zumindest mal zu Silvester oder zum Biikebrennen oder auf Anfrage. Das hat sich alles eine gewisse Zeit lang bewährt, aber die Profis aus der Tourismusbranche sagen uns laut und regelmäßig, dass das heute nicht mehr angemessen ist. Die Halligen haben aufgrund ihrer Einzigartigkeit eine riesige Chance: Die Besucher kommen, weil sie einmal auf einer Hallig sein möchten, einmal eine Hallig sehen und erleben wollen.

Wer weiß, wie lange es Halligen noch geben wird. Aber diese Chance hat in meinen Augen auch einen Beigeschmack. Diese herausragende Einzigartigkeit stellt sowohl die eigene Kreativität, die Lust auf individuelle Gestaltung als auch das persönliche Engagement in den Schatten. Fehlende Veränderungen, aber auch der fehlende Druck, der durch ernstzunehmende Konkurrenz spürbar und förderlich sein kann, lassen auf einer Hallig leicht Gewohnheiten zu. Vieles ist zu eingefahren. Mir fehlen auf Hooge sogenannte Motoren. Menschen, die es schaffen, zu begeistern und zu motivieren, die Segel mal wieder neu zu setzen. Auf die aufgeführten Beispiele bezogen, könnte das heißen, dass ich meinen Mut zusammennehme und meinen sturen Nachbarn bei der nächsten Begegnung einfach mal grüße. Oder ich gehe zu einer Feier, obwohl ich dort womöglich auf jemanden treffe, mit dem ich eigentlich nicht so gut kann. Kleine Veränderungen, die innerhalb einer Gesellschaft, die so eng aufeinandersitzt, eine große Wirkung entfalten können.

Im Tourismus wäre es ein Erfolg, wenn wir uns auf eine gemeinsame Ausrichtung einigen könnten, jeder seine Individualität behält und mit seiner eigenen Stärke andere ansteckt, gemeinsam mit nach vorne zu gehen. All das sind kleine Veränderungen, die ein jeder selbst sofort umsetzen kann, sofern man denn wirklich etwas verändern möchte. Das gilt natürlich nicht nur für Halligbewohner. Aber auch hier würde man in diesem Fall schneller eine Veränderung in der Gesellschaft wahrnehmen als auf dem weitläufigen Festland. In diesem Fall in eine positive Richtung.

Viel schwieriger ist es hingegen, Herausforderungen zu begegnen, die wir Menschen nicht durch einfaches persönliches Tun beeinflussen und zum Besseren wenden können. Ich denke dabei an den Klimawandel und den ansteigenden Meeresspiegel. Hier kann man nicht einfach weggucken oder gar möglichen Folgen aus dem Weg gehen. Zumindest nicht langfristig, denn hier sind wir wirklich mittendrin statt nur dabei – im wahrsten Sinne des Wortes. Im Landesinneren lässt es sich noch relativ leicht weggucken und das Problem im schlimmsten Fall als Panikmache abwehren. Das ist es aber bei Weitem nicht. Der Meeresspiegel steigt. Das ist messbar. Warum und wieso und vor allem wie schnell, darüber streiten sich die Geister. Wir können diese Tatsache weder ignorieren noch schönreden, und auch das ist Chance und bitteres Los zu gleich. Um unseren Lebensraum und unsere Existenz zu schützen, müssen wir ganz genau hinsehen. Und dann sehen wir so einiges.

Müll, der immer wieder angespült wird. Jede Menge Müll. Fracht, die Schiffe im Sturm verloren haben, manchmal containerweise, Müll in allen Farben und Varianten. Müll, der achtlos über Bord oder am Strand weggeworfen wurde oder in Form von Luftballons bewusst in unsere Atmosphäre auf die Reise geschickt worden ist. Meistens noch mit einem langen Kunststoffbändchen dran, an dem dann, an der Halligkante gestrandet, nicht selten ein verendeter Wasservogel mit seinem Bein festhängt. Ganz ehrlich: Manchmal möchte ich bei solch einem Anblick auch weggucken. Wie auch dann, wenn ich zum Beispiel durch eine Frage daran erinnert werde, dass der Meeresspiegel ansteigt.

»Haben Sie Angst«, oder: »Was machen Sie, wenn das Wasser irgendwann in Ihr Haus kommt?«, oder auch: »Werden Sie dann noch rechtzeitig ans Festland fahren können?«

Ja, manchmal bereitet es mir ein mulmiges Gefühl, wenn ich daran denke, dass es irgendwann eine Sturmflut geben wird, die auch für mein Haus und meine Existenz folgenschwere Auswirkungen haben wird. Keine Ahnung, was ich machen werde, wenn das Wasser an meine Haustüre klopft und sich schließlich selbst die Türe öffnen wird. Und nein, ich werde ganz bestimmt nicht vorher die Hallig verlassen. Diese Frage kann ich mit großer Sicherheit beantworten. Alles andere sind mehr Vermutungen, Gefühle, die sich immer wieder mal einschleichen, eben dann, wenn man mit dem Thema konfrontiert wird. Natürlich gucken wir bei diesem Thema nicht weg. Im Gegenteil! Wir müssen einen wachsamen Blick auf unsere Häuser und die Warften haben. Und nicht nur wir, sondern auch das Land Schleswig-Holstein. Küstenschutz, Katastrophenschutz, Klimawandel und der Meeresspiegelanstieg haben bei der Landesregierung einen hohen Stellenwert, und immer öfter kommen Landesvertreter und Betroffene zusammen, um Erkenntnisse und Erfahrungen einzusetzen und Risiken so zumindest berechenbar zu machen.

Irgendwann wird man allerdings die Deiche rund um die Hallig nicht mehr erhöhen können. Es wäre natürlich auch ziemlich blöd, wenn ein Deich so hoch wäre, dass wir das Wasser dahinter nicht mehr sehen könnten. Von grenzenloser Weite wäre dann keine Spur mehr, geschweige denn von einem Freiheitsgefühl. Daher müssen andere Maßnahmen getroffen werden. Unsere Warften, die aufgeworfenen Erdhügel, auf denen unsere Häuser stehen, müssen nach und nach erhöht beziehungsweise verstärkt und die Häuser der Situation angepasst werden. Höhe ist auch hier das Stichwort. Denke ich in diesem Zusammenhang an mein altes denkmalgeschütztes Haus, das auf der Ockenswarft am tiefsten liegt, macht sich in der Magengegend ein ziemlich flaues Gefühl breit. Es ist so unglaublich viel in diesem Bereich zu tun, und das am besten schnell.

Aber schnell und Hallig passen auch in diesem Punkt einfach nicht zusammen. Auch gibt es kritische Stimmen, die sagen: »Wo ist denn hier das angemessene Verhältnis? Für die insgesamt rund 250 Bewohner der zehn Halligen so ein finanzieller Aufwand, das kann sich das Land doch gar nicht leisten!« Diese Kritiker gucken aber nur mit einem Auge auf die Gesamtsituation, denn es geht hier nicht nur um die Sicherheit der Halligbewohner. Im Gegenteil. Die Halligbewohner sorgen dafür, dass die Halligen bewirtschaftet werden. Die Halligen wiederum dienen zur Sicherung der Küste. Nicht ohne Grund werden sie auch als Bollwerk oder als Wellenbrecher bezeichnet und gelten heute als einzigartiges Natur- und Kulturgut. Halligschutz ist also auch Küstenschutz. Und als ob es nicht schon kompliziert genug wäre, gibt es noch einen weiteren Schutz, der in dieser Gemengelage eine ebenso große Rolle spielt, nämlich den Naturschutz.

Auf der einen Seite steht die besondere Flora, die sogenannten Salzwiesen. Wie der Name schon verrät, sind das Wiesen mit einem besonderen Salzgehalt. Im Zusammenhang mit den sogenannten Salzwiesenlämmern haben bestimmt schon viele von diesen gehört. Anderen ist vielleicht auch die Bondestave bekannt, der Halligflieder, der in den Sommermonaten vor allem auf den Halligen Nordstrandischmoor und Gröde in Form von großen lilafarbenen Teppichen zu bestaunen ist und unter Schutz steht.

Auf der anderen Seite steht die Fauna, die sich eben diesen Salzwiesen angepasst hat. Der Halligfliederspitzmausrüsselkäfer, der Prächtige Salzkäfer, die Gelbe Wiesenameise oder die Ringelgans sind Vertreter der tierischen Gäste, die die Salzwiesen auf ihrem festen Speiseplan haben oder sie als Brutgebiet aufsuchen. Salzwiesen sind außerdem wichtig, weil sich in ihnen besonders gut Sedimente ablagern können. Sedimente, die mit jedem Landunter auf die Hallig kommen und mit ausreichend Zeit dafür sorgen, dass das Halligland wächst, also an Höhe gewinnt. Das heißt also, dass das Halligland sogar regelmäßige Überflutungen, also Landunter, braucht. Überflutungen während der Brutzeit sind aber wieder eine der Hauptursachen für Brutverluste der Küstenvögel im Wattenmeer. Dazu kommen noch die Bedürfnisse der Menschen: Die einen wünschen sich möglichst viele Landunter, weil dann Ruhe auf der Hallig einkehrt und man auch nicht zur Schule oder zur Arbeit gehen kann. Andere wünschen sich wenig Überflutungen, um nicht noch mehr auf engem Raum begrenzt zu sein. Das alles irgendwie unter einen Hut zu bringen und vor allem mit einem allumfassenden und professionellen Blick zukunftsorientiert in Schutzmaßnahmen einfließen zu lassen, ist eine Herausforderung für sich. Weggucken wäre hier fatal. Es sich einfach machen, leichtsinnig.

Und dann gibt es auch noch ganz profane Gründe, warum es manchmal doof ist, auf einer Hallig zu leben, auf einem kleinen Flecken Erde, abgeschnitten vom Festland, wo man spontan überall hinfahren kann. Auf den Halligen geben die Tide der Nordsee und der Fahrplan der Fähre das Tempo vor. Sich spontan mit Freunden im Kino oder beim Italiener treffen funktioniert nicht. Mit dem Fahrrad im Sommer in den Biergarten fahren oder im Winter einen Spaziergang durch den verschneiten Wald machen ist nicht machbar. Igel im Herbst beim

Nestbau oder Eichhörnchen beim Anlegen des Wintervorrats im Garten beobachten ist auf einer Hallig nicht möglich. Tanken müssen wir auf dem Festland, und bunte Schaufenster sowie den günstigen Schlussverkauf sucht man hier vergebens. Wer am Samstagnachmittag noch nicht alle Zutaten für den Sonntagskuchen zusammen hat, muss bis Montag warten. Es sei denn, Abhilfe ist in der Nachbarschaft zu finden. Da kann es sich schon mal lohnen, spontan an der benachbarten Klönschnack-Tür zu klopfen.

Manchmal sind es auch traurige Momente, die einem die Insellage madigmachen. Etwa ein Todesfall im Freundes- oder gar Familienkreis. Gerade der Winterfahrplan lässt es manchmal nicht zu, dass man rechtzeitig zum Abschiednehmen oder zu einer Beerdigung anreisen kann. Manchmal wünschte ich mir auch, mal weggucken oder gar weglaufen zu können und die Gewissheit zu haben, einmal nicht gesehen zu werden, vielleicht sogar mal für einen Moment anonym sein zu können. Ja, manchmal schleicht sich dieses Gefühl ein, aber eben nur manchmal. Hätte ich dieses Gefühl oder diese Sehnsucht öfter, wäre ich definitiv am falschen Platz! Halligleben heißt eben auch: aushalten. Akzeptieren. In einem begrenzten Raum nach Alternativen suchen. Oder etwas ändern. Möglicherweise sogar am eigenen Verhalten, vielleicht sogar auch mal die eigene Haltung. Der Wunsch, sein eigenes Ding zu machen, eine spontane egoistische Entscheidung zu treffen, mag manchmal nachvollziehbar sein, hat aber meistens innerhalb eines Mikrokosmos Auswirkungen, die langfristig alle betreffen. Das Leben auf einer Hallig ist intensiv und besonders und nicht immer nur einfach und schön. Ein Halligleben ist etwas für Fortgeschrittene.

»Und was ist denn jetzt eigentlich der Unterschied zwischen einer Insel und einer Hallig?«

Eine Frage, die mir fast in jeder Talkshow und bei jeder Lesung gestellt wird. Dieser Unterschied ist anscheinend vielen Menschen nicht bewusst. Aber dass es eine Runde kostet, wenn man von der »Insel« Hooge spricht, das hat sich durch Funk und Fernsehen wie ein Lauffeuer verbreitet. Und dennoch passiert es sogar einem Profi wie Hubertus Meyer-Burkhardt immer wieder mal, dass er »Insel« statt »Hallig« sagt. Gäste sprechen mich amüsiert darauf an, dass sie am Bildschirm mitverfolgt haben, wie ich ihn bei meinem Besuch in der *NDR Talk Show* wiederholt freundlich, aber bestimmt auf seinen Fauxpas hingewiesen habe.

Fragen zur Entstehungsgeschichte der Halligen und somit auch nach dem Unterschied gegenüber einer Insel kann ich mittlerweile ganz gut beantworten, hatte ich doch Nachhilfeunterricht bei einer Frau, die über dreißig Jahre mit Leib und Seele auf der Hallig lebte und sich schon aus beruflichen Gründen gern tiefgründig mit der Erdgeschichte befasst. Sie ist Geologin, und mit ihr sprach ich über den unterschiedlichen Aufbau einer Insel (Geestboden) und einer Hallig (Marschboden).

Meine Erkenntnisse versuche ich laienhaft folgendermaßen weiterzugeben: Um den Aufbau der Halligen zu erklären, muss man bis zum Ende der vorletzten Eiszeit zurückblicken. Mit dem Abschmelzen der Gletscher entstand eine hügelige Moränenlandschaft, die im Bereich des Wattenmeeres die Basisfläche für die heute bestehenden Inseln und Halligen bildet. Über Jahrtausende verteilte Überflutungen und die daraus folgenden Sedimentablagerungen in den Tälern veränderten die Landschaft an der Westküste. Die Hügel verschwanden, das Marschland entstand als Fundament für spätere, neu gewonnene Siedlungsgebiete.

Machen wir einen Sprung ins Mittelalter: Es lässt sich heute nachweisen, dass bereits ab 1200 die Salztorfgewinnung, die dort in den sogenannten Uthlanden (Außenland oder Außenbereich) großflächig betrieben wurde, das Absenken der Landschaft gefördert hat. Torf wurde verbrannt, um das darin enthaltene Salz zu gewinnen und damit Handel zu betreiben. Wie so oft wurde auch damals schon ein gnadenloser Raubbau an einer Landschaft betrieben, der bis in die heutige Zeit Auswirkungen hat. Nachhaltigkeit nennt man das – in diesem Fall aber leider im negativen Sinne. Hinzu kamen die Entwässerungen der Flächen und die Eindeichung. Beides hatte eine weitere Landabsenkung zur Folge. So blieb es nicht aus, dass Überflutungen nach und nach schlimmere Folgen mit sich brachten. Bis letztendlich sogar zum Verlust von Siedlungsgebieten, wie das sagenumwobene Rungholt. Die buchstäblich auf Sand gebaute Region konnte der Sturmflut 1362 nicht mehr standhalten und ging in der sogenannten ersten Groten Mandränke mit Mann und Maus unter. Sie verschwand in der Tiefe, da dieses Gebiet auf einem eiszeitlichen Tal gebaut war. Die zweite Grote Mandränke im Jahr 1634, auch als Burchardiflut bezeichnet, zerstörte Siedlungsgebiete wie die Insel Alt Nordstrand, von der heute nur noch Überreste in Form von der Insel Pellworm, der Halbinsel Nordstrand und der kleinen Hallig Nordstrandischmoor übrig sind. Nach und nach wuchsen durch Schlick- und Schlammablagerungen neue Flächen, die sogenannten Marschinseln, die auf altem beziehungsweise untergegangenem Marschland entstanden.

Sie sind erdgeschichtlich relativ jung und werden mehr oder weniger regelmäßig überflutet, im Gegensatz zu Inseln.

Bereits Anfang 1900 sprach ein hiesiger Forscher wohl davon, dass der Anstieg des Meeresspiegels schon seit dem Mittelalter festzustellen sei. Die zusätzlich durch den Menschen geförderte Klimaerwärmung beschleunigt diesen Anstieg messbar. Irgendwann, sprich in absehbarer Zeit, werden neben Rungholt auch die letzten zehn weltweit einzigartigen Halligen von der Erdoberfläche verschwunden sein.

Landunter gehört zu den Halligen dazu. Leider auch der Anstieg des Meeresspiegels, der im Laufe der Evolution nicht zum ersten Mal auftaucht, aber eben durch das Zutun der Menschen beschleunigt wird. Dieser Teil der Entwicklung macht mir Angst, denn ehrlich gesagt möchte ich den Untergang der Halligen, explizit der Hallig Hooge, natürlich nicht miterleben. Dass der Mensch nicht begreift, dass es in seinen Händen liegt, den Raubbau an der Erde einzustellen und somit der Zerstörung und dem Verlust einmaliger Naturlandschaften entgegenzuwirken, ist für mich nicht nachvollziehbar. Dass der vom Menschen vorangetriebene Klimawandel von einigen sogar angezweifelt wird, macht mich darüber hinaus ärgerlich, denn solch menschliche Ignoranz ist für mich beängstigender als die Entwicklung in der Natur.

KAPITEL 7

Begegnungen

Wenn das Leben auf der Hallig mitunter auch negative Seiten hat, beschert es mir doch überwiegend positive und interessante Begegnungen. Unglaublich, wer sich nach dem Erscheinen von *Barfuß auf dem Sommerdeich* alles meldete und um ein Interview oder um einen Besuch in einer Talkshow bat. In dem Jahr konnte man mir kaum aus dem Weg gehen. So bekam ich nicht nur zum wiederholen Male die Chance, von meiner Wahlheimat zu erzählen, sondern traf auch auf Menschen, die bei mir Spuren hinterlassen haben, oder Menschen, mit denen mich etwas verbindet. Manchmal auch ganz unverhofft.

So denke ich beispielsweise sehr gern an die Sendung *Kölner Treff*. Der Zufall wollte es, dass ich dort dem Schauspieler Francis Fulton-Smith begegnet bin. Um nicht zu sagen: Der Zufall wollte es, dass ich ihm erneut begegnete. Tatsächlich hatten wir schon einmal Kontakt, vor vielen, vielen Jahren, aber erinnern konnten wir uns an diesen beide nicht. Ich war damals viel zu klein. Francis Fulton-Smith ist mit meinem Bruder in der gleichen Kindergartengruppe gewesen, und es gab einen engen Kontakt zwischen unseren Müttern. Beide sind wir also Ismaninger Kindl.

Ebenso unvergesslich wird mir eine Veranstaltung in Husum bleiben. Ich wurde als Podiumsgast zum Sommerempfang der Industrie- und Handelskammer zu Flensburg eingeladen. Rund siebenhundert Teilnehmer aus Politik, Wirtschaft, Verwaltung und Kultur trafen sich zu dem Thema »Mut zum Erfolg: Chancen einer neuen Fehlerkultur«. Moderiert wurde der Abend von einem in Schleswig-Holstein bekannten Radiomoderator, dem es gelang, den Geschäftsführer der Handballmannschaft SG Flensburg-Handewitt, den Chef einer Flensburger Unternehmensberatung, einen Professor für Fehlerforschung und mich, eine Gastgeberin von der Hallig Hooge, in eine Diskussion zu verwickeln, vor der ich anfangs nicht dachte, dass ich meinen Platz finden würde. An diesem Abend ging es um Mut, um den berühmt-berüchtigten Sprung ins kalte Wasser und vor allem um Entscheidungen und ihre Folgen. Es ging besonders um die sogenannten Fehler, die Entscheidungen durchaus mit sich bringen können. Dass Fehler aber auch und gerade auf lange Sicht zum Erfolg führen können, konnten und durften wir Podiumsgäste anhand unserer Erfahrungen aufzeigen. Zuerst wusste ich gar nicht, welchen vermeintlichen Fehler ich als persönliches Beispiel anbringen sollte, und entschied mich erst, als ich bereits auf der Bühne war, für einen aus meiner politischen Laufbahn auf der Hallig. Es ging um den Versuch, die Halligleute von einer Ortsgestaltungssatzung zu überzeugen.

Meine Vorgehensweise war mitnichten von Erfolg gekrönt. Bis heute nicht. Natürlich ist nicht immer ein Fehler der Auslöser für den Schritt in die richtige oder in eine neue Richtung. Manchmal führt auch die Überwindung von Zweifeln und Ängsten dorthin. Darüber an diesem Abend zu diskutieren, war für mich eine großartige Erfahrung. Professor Dr. Michael Frese, übrigens genau wie ich in München geboren, unterstrich mehrfach, dass Irren nützlich sei und dass der Mensch Fehler machen müsse, um für sein Leben zu lernen. Ein unglaublich spannendes Thema, das mir Freude bereitete, so wie der gesamte Abend an sich. Darüber hinaus hatte er eine nachhaltige Wirkung auf mich. Durch diese Auseinandersetzung ist mir noch einmal sehr bewusst geworden, dass ich langsamer und überlegter an Projekte herangehen muss, damit bestenfalls Menschen mit mir mitgehen, um diese umzusetzen. Versuche ich es allein und schnell, bloß weil ich davon überzeugt bin, ist die Chance auf Erfolg wesentlich kleiner.

Auch das persönliche Gespräch mit dem Professor, das wir nach dem offiziellen Teil noch führten, hat mir Mut gemacht, meinem Weg treu zu bleiben.

»Selbst wenn Ihnen Fehler passieren, betrachten Sie sie genau und lernen Sie daraus. Sie werden immer etwas Neues entdecken. Entdecken Sie Ihre Fehler und korrigieren Sie sie – das bringt Sie weiter«, ermutigte mich Professor Frese nachdrücklich. Eine weise Botschaft, die ich neben all den anderen Erinnerungen an diesen wunderbaren Abend verinnerlicht und mitgenommen habe.

In diesem Jahr habe ich so viel Post bekommen wie in meinen 25 Jahren in München nicht, in denen ich noch viel mehr handschriftliche Briefe verschickt und erhalten habe, denn E-Mails hatten damals der Gelben Post noch längst nicht den Rang abgelaufen. Seit dem Erscheinen von *Barfuß auf dem Sommerdeich* vergeht keine Woche, in der ich nicht Anrufe, Postkarten, Briefe, Pakete oder E-Mails bekomme, die sich auf mein Buch beziehen. Ich versuche natürlich alles zu beantworten, aber das gelingt mir schon längst nicht mehr zeitnah. Inzwischen hinke ich mit der Beantwortung Monate hinterher, leider auch bei Anfragen, die sich auf meine beiden Ferienwohnungen beziehen. Ich habe keine Ahnung, wann ich das jemals wieder aufholen werde, denn das Interesse reißt tatsächlich nicht ab.

Und was mir die Menschen, die mein Buch gelesen haben, alles schreiben. Erlebnisse, die mich teilweise zu Tränen rühren. Sie berichten von Urlauben auf der Hallig mit dem Partner, der verstorben ist. Seitdem sei man nicht mehr auf Hooge gewesen. Mein Buch hätte alte Erinnerungen wachgerufen und Mut gemacht, wieder einmal dorthin zu reisen. Andere erzählen mir davon, dass sie sich an ihre Kindheitserlebnisse in den 60er-Jahren auf der Hallig erinnern oder daran, wie Eltern von Lesern als Flüchtlinge auf der Nachbarhallig Langeneß aufgenommen wurden und einen Teil ihres Lebens dort verbrachten. Manch einer hat mir auch Kopien von alten Briefen mitgeschickt, die diese Zeit belegen. Manchmal erhalte ich Einblick in schwierige Familienverhältnisse, und ich werde um Rat gefragt, weil ich offenbar den Eindruck vermittelt habe, besonders empathisch zu sein, und motivieren könnte. Es kommen aber auch Zeilen, in dem manch einer sich einfach nur für meine Offenheit bedankt. Es gibt unzählige warmherzige Zuschriften, die mich auf unterschiedlichste Art und Weise berühren, und ich bin unendlich dankbar für diese einmalige Erfahrung. Auch wenn sie Zeit kostet, die ich eigentlich für meinen Betrieb bräuchte.

Ich nehme sie mir trotzdem, denn das ist das Mindeste, das ich zurückgeben kann. Zeit und Dankbarkeit für das, was mir mit solcher Post entgegengebracht wird.

Mein durch das Erscheinen des Buches gestiegener Bekanntheitsgrad bescherte mir im Herbst 2017 eine weitere interessante und nachhaltige Begegnung, die deutlich macht, dass die Hallig Menschen zu jeder Jahreszeit auf unterschiedliche Art zu faszinieren und in ihren Bann zu ziehen vermag. Im Herbst 2017 kam ein Künstler auf der Suche nach Motiven für ein großes Projekt mit dem Titel »Norddeutsche Insellandschaften« nach Hooge. Ben Kamili, so der Name des Malers, hatte bereits Helgoland, Föhr, Amrum, Pellworm, Norderney, Juist, Spiekeroog und andere Inseln besucht. Jetzt fehlte ihm noch eine Hallig. Bei seinen ersten beiden Anrufen nahm ich ihn, ehrlich gesagt, nicht ganz ernst. Ich konnte mir unter dem Projekt, von dem er erzählte, nichts vorstellen. Die norddeutsche Küste und deren Inseln wolle er besuchen und sich von diesen inspirieren lassen, erklärte der bekannte Pleinair-Maler in unserem ersten Telefonat. Wie er am besten anreisen könne, wer ihm mit Informationen zur Seite stehen könne und ob ich einen geeigneten Halligbewohner wüsste, der ihn unterstützen würde. Er habe sich an mich gewendet, weil er bei der Internetrecherche als Erstes über mich »gestolpert« sei.

»Ich sollte ein Vermittlungsbüro eröffnen«, sagte ich zu mir. Tatsächlich bemühte ich mich sehr, ihn an andere Stellen zu vermitteln. Ohne Erfolg. Ein paar Wochen später meldete er sich erneut, denn er kam nicht weiter. So lautete mein nächster Rat, sich auf Pellworm an den Kapitän des kleinen Schiffs »MS Gebrüder« zu wenden und zu erfragen, ob dieser ihn nach Hooge bringen würde. Eine kontinuierliche Verbindung gibt es nämlich leider nicht zwischen der Nachbarinsel und Hooge. Wenn er das organisieren würde, sei ich auch bereit, ihm die Hallig zu zeigen. Große Hoffnung machte ich ihm allerdings nicht, denn das Wetter war längst nicht mehr einladend, aber er ließ sich von seinem Vorhaben nicht abbringen.

Bei gruseligem grauem Nordseewetter kam Ben Kamili auf Hooge an und lief tatsächlich prompt an der Ockenswarft vorbei. Wobei man diese vom Landsende kommend eigentlich nicht verfehlen kann! Künstler!, dachte ich bei mir. Durch einen Anruf auf seinem Handy konnte ich ihn auf halber Strecke zwischen der Ockenswarft und der Hanswarft erreichen und ihn und seinen Begleiter zum Umkehren bewegen. Auch wenn das für sie hieß, gegen den Wind und den aufkommenden Regen zu laufen. Natürlich waren die beiden Herren nicht halligtauglich gekleidet, was mich noch mehr schmunzeln und zugleich zweifeln ließ. Ben Kamili trug eine dunkelblaue Steppjacke, die vielleicht für die Übergangszeit auf dem Festland die richtige Bekleidung ist, für das Halligherbstwetter allerdings eindeutig ein bisschen dünn war. Sein Begleiter trug einen langen Mantel, der ihm bei dem Gang gegen den Wind ständig zwischen den Beinen umherflatterte, ebenso der lange Gürtel, der sich kaum bändigen ließ. Zumindest trug er aber eine fest anliegende Mütze, im Gegensatz zum Maler. Ben Kamilis Künstlerhaupt schmückte ein schicker Herrenhut. Mit der einen Hand hielt er sich die Jacke am Hals zu, mit der anderen drückte er seinen Fedora fest auf den Kopf, sonst hätte dieser womöglich schnell Flügel bekommen. Auch das Schuhwerk war dem Wetter nicht angepasst. Alles chic und aufeinander abgestimmt, von den Schuhbändern bis zum – wie ich später erfuhr – selbst entworfenen Seidenschal, aber für den Herbst auf der Hallig nun wirklich nicht das Richtige. Sie waren als Touris schon von Weitem zu erkennen. Vom Winde verweht kamen sie bei mir an und wärmten sich erst einmal bei einer heißen Tasse Tee in meiner Küche auf, während die Lederschuhe an der Heizung standen, um ein wenig zu trocknen. Die beiden konnten sich gar nicht sattsehen an meiner Küche, dem Steinfußboden, den beiden Räumen Döns und Pesel. Der Künstler, ein ruhiger Mittvierziger, dessen wache und sanfte Augen alles aufnahmen, was sie entdecken konnten, verliebte sich augenblicklich in meinen Garten, den er von seinem Platz am Fenster betrachten konnte, obwohl er zu der Jahreszeit längst nicht mehr in voller Pracht stand. Ben Kamili schwärmte von all den Pflanzen, die er von der Küche aus erblicken konnte.

»Oh, wie schön die Hortensien immer noch aussehen, obwohl sie schon ihre intensive Farbe verloren haben. Aber die zarten Röschen blühen dafür noch in einem kräftigen Rosa. Ich sehe das fertige Bild schon vor meinen Augen.«

Jetzt erst vernahm ich bewusst die angenehme Stimme des Malers, und meine anfänglichen Zweifel verflogen allmählich. Und als ich ihn mir wiederum in meinem Garten stehend vorstellte, wie er auf einer großen weißen Leinwand durch Farbe, die er mit den Händen aufträgt, meinen Garten verewigen würde, lösten sich auch die letzten Vorurteile in Luft auf. Dieser Mann strahlte eine angenehme Korrektheit und eine ansteckende Gelassenheit aus, und ich genoss seine Anwesenheit mit jeder Minute mehr. Wir hatten leider gar nicht viel Zeit, denn bereits nach drei Stunden sollte die »MS Gebrüder« wieder zur Nachbarinsel ablegen. So lud ich die beiden Herren zu einer Besichtigungstour mit meinem Auto über die Hallig ein. Zuerst ging es ganz in den Westen, damit sie von dort aus den Blick auf die umliegenden Inseln Amrum und Föhr und die Hallig Langeneß schweifen lassen konnten. Dann fuhren wir zurück, vorbei an der Schule, zur Kirchwarft. Schon von der Straße aus beeindruckte das gelungene Ensemble, und als wir die besondere Kirche betraten, waren die Herren ziemlich fasziniert.

Die kleine Kirche aus dem 17. Jahrhundert begeisterte sie mit ihren friesisch blauen Holzbänken und dem Taufbecken, das von geschnitzten Figuren getragen wird, die die vier Evangelisten darstellen. Auch die liebevoll gestaltete Walfischtür an der Kanzel, auf der zum Gedenken an die Halligleute, die im 18. Jahrhundert auf Walfang gingen, eine Walmutter mit ihrem Jungen abgebildet ist, fand großen Anklang bei den beiden Besuchern.

Als Reaktion auf *Barfuß auf dem Sommerdeich* erhalte ich immer mal wieder ergänzende Informationen von Leserinnen und Lesern und bin überrascht, welche Detailkenntnis manch einer hat. Ich hatte in meinem Buch berichtet, dass ich zwei Erklärungen gehört habe, die den Glockenturm neben der Kirche begründen. Ein Herr von Pellworm ließ mich daraufhin wissen, dass es sich nicht um einen Glockenturm handelt, sondern um einen Glockenstapel und dass eine Glocke früher häufig aus Kostengründen neben dem Gebäude aufgestellt und nicht auf diesem aufgehängt wurde. Durch eine andere Quelle habe ich wiederum erfahren, dass es sich um einen Glockenstuhl handelt, und zwar aus vier massiven Eichenpfählen. Stapel oder Stuhl – ich weiß es ehrlich gesagt immer noch nicht! Vor meinem Buch wusste ich weder von dem einen noch von dem anderen. Man lernt doch nie aus. Was genau es nun auch immer ist, die Hooger Kirche ist etwas Besonderes, und das nahe stehende Bauwerk, in dem sich die Glocke aus den 1840ern befindet, ebenso. Erfahren habe ich durch den Brief von Pellworm auch, dass man sich für einen Glockenstapel oder -stuhl entschied, weil der Untergrund in den Marschen häufig zu weich für einen massiven Turm war. Nichtsdestotrotz gefallen mir meine beiden vorausgegangenen Erklärungen mindestens genauso gut. Vor allem die, dass Piraten einen neben der Kirche stehenden Turm von Weitem keiner Kirche zuordnen konnten, somit auch keinen Reichtum auf der Hallig vermuteten und sie daher verschonten. Das ist und bleibt meine bevorzugte Überlieferung, und diese ergänze ich gern mit dem Zusatz: Ganz schön plietsch, die Friesen!

Im Anschluss an den Besuch der kleinen Kirche fuhr ich mit den beiden Herren weiter zur Backenswarft, in das älteste Lokal der Hallig, den altbekannten Friesenpesel. Wir hatten glücklicherweise noch Zeit für eine Stärkung, und so gab es dreimal hausgemachte Lammfrikadellen mit Speckbohnen. Dreimal Tote Tante mit einer großen Sahnehaube als heißer Trinkgenuss rundete das Mittagessen ab. So kurz die Zeit leider war, so intensiv war sie auch. Wir sind tief in die Geschichte der Hallig eingestiegen, sprachen über die Kirche im Allgemeinen und über Mazedonien, das von Krieg und Unruhen gebeutelte Land, in dem der Maler geboren wurde. Auch wollte Ben Kamili ganz genau wissen, wie mich mein Weg nach Hooge führen konnte.

»Die meisten würden das sicher nicht tun. Eine so schöne Stadt wie München aufzugeben und auf eine Hallig zu ziehen. Ein harter Gegensatz«, stellte er fest.

Fast hätten wir darüber die Zeit vergessen. So ging es also mit dem Auto wieder vorbei an der Hanswarft, vorbei an der

Ockenswarft, direkt zur kleinen Anlegestelle an der Badestelle Landsende. Wir verabschiedeten uns, und das kleine Boot brachte die beiden Besucher wieder zurück nach Pellworm. Nicht ohne das von Ben Kamili gegebene Versprechen, sich bald wieder zu melden und mich über das geplante Projekt und die künstlerische Verewigung seiner Eindrücke unserer kleinen Welt auf dem Laufenden zu halten.

»Wie du siehst, hat er Wort gehalten«, sagte ich zu meiner Freundin Sabine, als wir einige Monate nach Ben Kamilis Besuch auf Hooge vor dem Eingang des Wenzel-Hablik-Museums in Itzehoe standen. Aus dem Projekt war tatsächlich die Ausstellung »Norddeutsche Insellandschaften« geworden.

Sabine und ich ließen uns Zeit bei unserem Streifzug durch die Bilderlandschaft, betrachteten ein Kunstwerk nach dem anderen, versetzten uns auf die Insel, die er gemalt hatte, und sogen die prächtigen Farben in uns auf. Es gab kleine Bilder, die eine komplette Serie darstellten, aber auch großformatige, die eine ganze Wand einnahmen. Wir tauchten ein in seine Sicht auf die Ostfriesischen Inseln, Helgoland und schließlich die Nordfriesischen Inseln. Die Natur ist der Hauptdarsteller in den Werken des Malers. Das ist nicht zu übersehen. Ebenso wenig seine Leidenschaft für die Nordsee und ihren durchaus temperamentvollen Charakter. Gefesselt von einer Föhrer Landschaft, stand ich vor einem ein Meter zwanzig mal ein Meter zwanzig großem Bild. Ich war so versunken, dass ich gar nicht mitbekam, dass Sabine schon vorausging. Erst als sie an mich herantrat, holte sie mich aus dem gedankenverlorenen Moment.

»Du wirst nicht glauben, wo ich gerade war und wem ich dort begegnet bin«, sagte sie mit einem breiten Lächeln. »Gedanklich war ich gerade auf Hooge.«

Sie nahm meine Hand und zog mich hinter sich her in den nächsten Raum. Und da hingen sie. Die Bilder von Hallig Hooge. Ben Kamili hatte die Kirchwarft verewigt, den Charme der alten Häuser eingefangen, der Weite einen Rahmen gegeben, der aber in keinster Weise einengend wirkte. Er hatte das satte Grün der Halligwiesen aufgenommen und sogar unseren gemeinsamen Spaziergang auf dem befestigten Deich von der Westerwarft zum Seglerhafen festgehalten. Inklusive einer blonden einheimischen Spaziergängerin in gelbem Regenmantel und -schuhen. Ich war sprachlos.

»Meine kleine Welt. Für sich entdeckt und für Liebhaber auf Leinwand festgehalten. Was für ein wunderbarer Schatz«, entfuhr es mir. Dann ließen wir die Bilder wortlos auf uns wirken.

KAPITEL 8

Licht ins Dunkel

Bei allem Erfolg und all dem Neuen und den vielen Begegnungen, die sich mir im Laufe meiner Zeit auf der Hallig eröffneten, kam ich auch immer wieder an meine Grenzen, denn natürlich ging es nicht immer nur bergauf. In den fast zwanzig Jahren, in denen ich nun auf Hooge lebe, fiel ich zweimal in eine tiefe Krise und glaubte, dass meine Zeit auf Hooge beendet sei. Es war die aussichtslose Perspektive, mein finanzielles Auskommen aufzubessern, die mich allmählich kraft- und mutlos werden ließ. Auf Dauer von zwei Ferienwohnungen zu leben, erschien mir unvernünftig und sinnlos. Und ohne Chico an meiner Seite, meinem Deichgrafen, der nach elf gemeinsamen Jahren ohne mich seine letzte Reise antrat, hielt sich auch meine Fröhlichkeit in Grenzen. So besprachen meine Eltern und ich die Situation und entschieden gemeinsam, das Kapitel Hooge endgültig abzuschließen. Ich wusste zwar nicht, was ich danach machen würde, aber die Entscheidung war getroffen, das Haus am Landsende sollte verkauft werden. Ein Gutachter kam und bewertete das Haus, es fehlte nur noch der Makler unseres Vertrauens. Die Suche nach diesem zog sich hin, und da kam der Anruf aus Stuttgart. Der Besuch bei der Talkshow *Nachtcafé* kippte schließlich meine Entscheidung, die Hallig zu verlassen, in der letzten Minute. Aus tiefstem Herzen erzählte ich in der Sendung davon, wie schön es auf der Hallig ist, und mit Stolz trug ich damals die Tracht von Tante Magda. Meine Liebe für das Landleben war wieder entflammt und demotivierende Gedanken beiseitegeschoben. »Ich lebe jetzt und nicht in der Zukunft«, sagte ich mir. Und das Jetzt zeigte mir unmissverständlich, dass meine Zeit auf der Hallig noch nicht zu Ende war.

Von da an ging es wieder aufwärts mit meinem Mut und meiner Freude. Darüber hinaus besiegelten wir die Entscheidung, indem ich auch auf dem Papier die rechtmäßige Eigentümerin des über dreihundert Jahre alten Reetdachhauses wurde. Das war im Jahr 2012.

Die zweite Krise folgte bereits drei Jahre später. Nicht nur, dass meine Ferienwohnungen sehr gut ausgebucht waren, ich arbeitete nebenbei auch im gastronomischen Betrieb eines Freundes. Auch in der Politik brachte ich mich mit neuem Schwung und viel Engagement ein. Letzteres nahm insofern aber kein gutes Ende, als ich mein Mandat in der Gemeindevertretung frühzeitig niederlegte. Nach 13 Jahren sah ich meine politischen Ziele nach Transparenz und Bürgernähe nicht mehr in greifbarer Nähe und gab auf. Der Mikrokosmos Hallig brachte mich einmal mehr an meine Grenzen, und ich hatte das Gefühl, versagt zu haben. Und das, obwohl mein Betrieb jedes Jahr besser lief. Für diesen hatte ich aber den wesentlichen

Blick verloren. Wenn ich abends nach Hause kam und im Flur stand, fragte ich mich tatsächlich, wie meine Gästen hießen, die gerade in der Wohnung am Ende der Treppe in der ersten Etage residierten.

Es ist leichter, sich um die Baustellen anderer zu kümmern, und es ist überhaupt einfacher, sich um andere zu kümmern als um sich selbst. So glitten mir die Fäden aus den Händen, und ich stolperte haltlos und vor allem ziellos durch mein eigenes Leben. Meine Leichtigkeit war weg, in mir machte sich Dunkelheit breit, von der ich das Gefühl hatte, dass sie mich langsam einnahm. Freunde bemerkten die Veränderung, und auch ich hatte keine Freude mehr mit und an mir. Im Verlauf des Jahres 2015 wurde ich immer dünnhäutiger und zog mich zurück. In dieser für mich so dunklen Zeit stand ich sehr häufig nachts draußen auf der Warft und befragte die Sterne. Was soll ich nur tun? Warum finde ich keinen klaren Weg? Wo ist das Licht, das mich aus diesem Tunnel führt?

Dunkelheit hat viele Facetten. Auch das ist mir erst auf Hooge richtig bewusst geworden. Dunkelheit und Stille sind manchmal schlecht auszuhalten, besonders wenn es einem nicht gut geht. Früher konnte ich das nicht. Wenn ich morgens in mein Büro am Flughafen kam, führte der erste Gang mich stets zum Radio. Den ganzen Tag über brauchte ich die Berieselung im Hintergrund. Auch auf Hooge war das in den ersten Jahren so. Bei den Spaziergängen mit Chico lernte ich immer mehr, auf die Geräusche der Natur zu achten. Nicht nur tagsüber, sondern auch nachts. Die Rufe der Vögel und auch der Kühe nahm ich plötzlich wahr. Mal waren es Küken oder Kälber, die nach ihren Müttern riefen. Auch erkannte ich den Warnruf der Vogeleltern, wenn sich Gefahr auftat, oder den Ruf einer

Kuh nach ihrem Kalb, wenn es zu lange aus ihrem Sichtfeld verschwunden war. Der Wind hat unterschiedliche Stimmen und fühlt sich ganz anders an, wenn er aus dem Osten oder Süden weht. Bin ich spät abends mit meinem Hund über die Hallig gelaufen, habe ich darauf geachtet, ob ich den Wind spüren kann. War das möglich, konnte das zur Orientierung helfen. Ebenso wie die Beschaffenheit der Straße hilft, auf dem Weg zu bleiben. Auf den Halligen gibt es keine Straßenbeleuchtung, und daher kann es nachts sehr dunkel sein. So dunkel, dass manchmal die eigene Hand vor Augen nicht zu sehen ist. Regelmäßig habe ich geübt, mich ohne Taschenlampe zurechtzufinden. Meine Sinne mussten sich erst einmal daran gewöhnen, im Dunkeln einen Anhaltspunkt zu finden. So fiel mir recht bald auf, dass die Straßen auf Hooge eine besondere Oberfläche haben. In der Mitte sind sie höher, rechts und links fallen sie leicht ab, damit das Oberflächenwasser schneller ablaufen kann. Aber das ist eben auch eine wunderbare Orientierungshilfe. Läuft man in der Mitte und weicht versehentlich im Dunkeln von dieser ab, spürt man die Neigung. Kein Problem, solange fester Belag unter den Füßen zu spüren ist. Wenn aber die Kante erreicht ist und der Grünstreifen beginnt, sollte man wieder zurück in die Mitte laufen. Nach dem Grünstreifen kommt nämlich früher oder später ein Graben. In diesen versehentlich hineinzufallen, macht schon tagsüber keinen Spaß und nachts noch weniger. Abgesehen davon, dass der Halligfunk sich todsicher lange und ausschmückend damit beschäftigen würde, wer wann in den Graben gefallen ist, warum, wie die Person nach dem Herauskrabbeln aussah und vor allem roch! Sich nach einem Grabensturz im Dunkeln auf die ursprüngliche Richtung zu konzentrieren, ist wohl kaum noch möglich. Üben lohnt sich also aus mindestens zwei Gründen: um bei Dunkelheit einen geschärften Sinn für Sicherheit zu erlangen und das wunderbare Gefühl zu erleben, sich auf seine Sinne zu verlassen. Trotzdem ist es ratsam, in der dunklen Jahreszeit immer eine Taschenlampe bei sich zu haben. Zum einen, um eben genanntes Szenario nicht doch zu provozieren, zum anderen aus Sicherheitsgründen. Für entgegenkommende Autofahrer ist es angenehm, wenn das Licht auf die Füße gerichtet signalisiert, dass sich hier Menschen aufhalten. Das Gleiche gilt für Fahrradfahrer. Ein Zusammenstoß im Dunkeln ist zwar sehr unwahrscheinlich, dennoch unter Fahrradfahrern schon vorgekommen.

Die Erfahrung, die Hallig im Dunkeln zu entdecken, an meine Gäste weiterzugeben, bereitet mir immer wieder Freude. Ich erinnere mich daran, wie ich einst eine Nachtwanderung mit dem kleinen Sohn meiner Freundin Svenja machte. Svenja hatte sich für eine Woche bei mir angemeldet. Sie musste mal raus. Zu Hause lief es nicht besonders gut, in der Beziehung kriselte es, und ihre eigene innere Unruhe machte sich leider inzwischen auch bei ihrem Sohn bemerkbar. Bei Jannik entwickelte sich eine Angst vor Dunkelheit. Das machte sich natürlich besonders nachts bemerkbar und raubte nicht nur ihm, sondern auch Svenja Schlaf. Jannik liebte Chico, und so brauchte ich gar nicht lange, um ihn zu einer Nachtwanderung zu überreden. Nur er, der Hund und ich. Gemeinsam bepackten wir den Bollerwagen mit allem, was man so brauchen könnte: zwei dicke Wolldecken, eine große Thermoskanne mit heißem Kakao, zwei Becher und zwei große Stücke von dem Apfelkuchen, den wir zwei Tage vorher zu dritt gebacken hatten. Außerdem legte Jannik noch seine riesige Taschenlampe und seinen Teddy mit in den Wagen. So waren wir sogar zu viert.

Wir hatten dicke Winteranzüge und Mützen an, denn Mitte November ist es nachts recht frisch. Svenja verabschiedete uns an der Tür mit den Worten: »Ich bin sehr stolz auf dich, mein Großer! Pass gut auf die anderen auf!«

Mit stolzgeschwellter Brust zog Jannik den Bollerwagen mit beiden Händen an und stiefelte los. Kaum hatte er meine Auffahrt hinter sich, wartete er dann doch auf mich und nahm mich an die Hand.

»Mama hat gesagt, ich soll auf dich aufpassen, und deshalb musst du jetzt an meine Hand kommen!«, sagte er. Seine Stimme klang nicht mehr ganz so mutig wie noch vor ein paar Minuten, aber er war immer noch voller Tatendrang. Unser Weg führte uns Richtung Hanswarft. Um zehn Uhr abends war es bereits richtig dunkel. Chico kam alle paar Minuten zu uns gelaufen und lief um uns herum. So wussten wir, dass er in unserer Nähe war, denn sehen konnten wir ihn nicht. Wir gingen direkt auf das Licht des Amrumer Leuchtturms zu. Das erkannte Jannik sofort, denn auf Amrum hatten sie im vergangenen Sommer Urlaub gemacht. Dieses Licht wies uns den Weg. Ungefähr auf der Hälfte des Weges Richtung Hanswarft machte ich Jannik auf die rechts und links abfallende Straße aufmerksam.

»Wie kann das denn sein? Haben die Bauarbeiter die Straße falsch gebaut?«, fragte er völlig überrascht. Nach meiner Erklärung war er so neugierig und fasziniert zugleich, dass er sogar meine Hand losließ. Er probierte es immer wieder aus. Er ging langsam ein paar Meter geradeaus und dann bewusst abwechselnd nach links oder rechts.

»Das ist ja toll!«, rief er mir laut zu, obwohl ich nur ein paar Schritte hinter ihm war. Sein lautes Rufen schreckte ein

Entenpaar auf, das rechts neben uns im Graben schwamm. Dadurch erschreckte sich wiederum Jannik.

»Was war das?«, rief er und blieb wie angewurzelt stehen. Ich wäre fast über ihn gestolpert. Sogleich kam Chico zu uns gelaufen und drückte sich fest an Jannik.

»Schschsch«, machte ich, »hör doch mal!«

Jannik hielt die Luft an und drückte gleichzeitig meine Hand ganz fest. Es entfernte sich zwar recht schnell, dennoch war das laute und leicht ärgerliche Quaken noch deutlich zu hören. »Enten!«, rief Jannik aus.

Nach meiner Erklärung, dass sich die beiden vor uns erschreckt und daher die Flucht ergriffen hätten, lockerte sich Janniks Handgriff, und er beruhigte sich schnell wieder.

»Das sind ja Angsthasen!«, sagte er, ließ meine Hand ganz los und lief wieder dem Amrumer Leuchtturmlicht entgegen, wenn auch um einiges langsamer.

»Soll ich dir mal ein Geheimnis verraten?«, fragte ich Jannik.

»Hmmm«, kam es etwas verunsichert, aber dennoch neugierig aus der Dunkelheit zurück.

»Ich hatte früher auch im Dunkeln Angst. Meine Türe musste immer einen Spalt offen stehen, damit es bei mir im Zimmer nicht ganz dunkel werden konnte. Und ich hatte ein Lämpchen. Wenn man das in die Steckdose steckte, leuchtete es orange. Von meinem Bett aus konnte ich das immer sehen und habe unentwegt darauf geguckt. Das war mein kleiner Stern im Zimmer. Dieses Licht hat mich beruhigt, und dann konnte ich irgendwann einschlafen.«

»Du hattest im Dunkeln Angst?«, fragte Jannik ganz überrascht.

»Ja! Auch als ich schon längst zur Schule ging, musste nachts immer das Lämpchen leuchten.«

»Und wie hast du dir das abgewöhnt?«, wollte er wissen.

»Das weiß ich gar nicht mehr so genau. Irgendwann fing ich an, immer häufiger nach den echten Sternen Ausschau zu halten. Ich habe ganz oft mein Zimmer umgeräumt, aber das Bett musste immer so stehen, dass ich die Sterne sehen konnte. Dann habe ich angefangen, mir vorzustellen, dass auf diesen Sternen die Menschen und Tiere leben, die ich liebe, die aber schon gestorben sind. Damals waren das mein erster Hund Baghira und meine Katze Minka, aber auch meine Tante, die ich zwar nie kennengelernt hatte, aber trotzdem vermisste. Je öfter ich zu den Sternen guckte, desto mehr konnte ich darauf vertrauen, dass diese drei da sind und mich beschützen.«

Unterhalb der Hanswarft angekommen, merkte Jannik, dass die Straße nun leicht bergan stieg. Jetzt waren es nur noch ein paar Meter bis zu dem Plattenweg, der links ab zum Süderdeich führte. Diesen schlugen wir ein.

»Wie schade, dass die Kühe nicht mehr da sind«, bemerkte ich.

»Warum? Die könnten wir jetzt im Dunkeln doch eh nicht sehen«, war Janniks Antwort.

»Das ist richtig, aber wir hätten sie hören können! Wenn Kühe nachts schlafen, sind sie meistens mit Wiederkäuen beschäftigt. Und wenn sie das tun, schnaufen sie ab und zu ganz tief aus. Auch wenn sie sich gerade erst hinlegen und entspannen, schnaufen sie so laut, dass wir es bis hierhin hören können. Das hört sich sehr schön an, und ich finde es beruhigend, wenn die Kühe so entspannt sind«, erklärte ich.

»Oh, das hätte ich auch gern gehört!«, erwiderte Jannik sehnsuchtsvoll.

»Und während des Wiederkäuens rülpsen Kühe auch«, ergänzte ich noch zur großen Freude des kleinen Jungen.

Eine Weile gingen wir schweigend weiter nebeneinander Richtung Deich. Chico lief voraus, und das Leuchtfeuer blinkte nun immer wieder in regelmäßigen Abständen von rechts in unsere Richtung. Am Deich angekommen, blieben wir für einen Moment stehen.

»Hast du dieses Lämpchen immer noch?«, fragte Jannik plötzlich.

»Ja, das habe ich. Ich habe es so liebgewonnen, dass ich es nie wegschmeißen konnte. Schließlich hat es mich in den Nächten beschützt! Möchtest du es auch mal ausprobieren?«

»Mmmh«, kam als Antwort.

»Das ist kein Problem, denn es liegt in der Ferienwohnung, in der du mit deiner Mama gerade wohnst. Im Schlafzimmer, in der obersten Schublade der Kommode. Ich leihe es dir gern aus. Aber bis wir zu Hause sind, gucken wir uns noch die anderen Lichter an, die wir in dieser Nacht sehen können.«

Jannik nahm meine Hand, und wir hielten gemeinsam Ausschau nach möglichen Orientierungspunkten. Bei solch einer klaren Nacht fiel das nicht schwer. Direkt voraus blitzte immer wieder ein weiteres Leuchtfeuer auf.

»Was ist das da draußen?«, fragte Jannik. »Ein Schiff?«

»Das ist kein Schiff, das ist das Leuchtfeuer von Helgoland. Wäre die Erde keine Kugel und wäre es jetzt hell, könnten wir durch ein Fernglas die Insel weit draußen in der Nordsee sehen. Es sind nur rund sechzig Kilometer Entfernung von hier aus«, erklärte ich ihm.

»Boah, das ist ja gar nicht weit! Können wir morgen mit dem Boot dorthin fahren?«

Ich lachte. »Nein, Jannik, das können wir leider nicht. Von Hooge fährt kein Boot nach Helgoland. Für einen Tagesausflug würde das auch viel zu lange dauern, denn mit einem Boot bist du mindestens acht Stunden unterwegs. Im Sommer kannst du wieder von der Nachbarhalbinsel mit einem Schiff nach Helgoland fahren. Das geht wesentlich schneller, aber ungefähr zwei Stunden dauert eine Fahrt dorthin bestimmt. Und wahrscheinlich wird es viele Wellen geben, denn da draußen gibt es mehr Bewegung auf der Nordsee als hier zwischen den Halligen und Inseln. Man muss ein guter Kapitän sein, um dort draußen sicher zu fahren.«

»Ich will auch mal ein guter Kapitän werden, wenn ich groß bin!«, sagte Jannik mit fester Stimme.

»Dann musst du aber auch mal fahren, wenn es dunkel ist«, stellte ich leicht fragend in den Raum.

»Das macht nichts! Ich übe das ja gerade mit dir, und die Leuchttürme von Helgoland, Amrum und Pellworm kenne ich ja schon!«, brachte er mit einer Selbstverständlichkeit hervor, die keinen Zweifel zuließ. Ganz selbstbewusst drehte er sich nun wieder nach links und bedeutete mir damit, dass wir unseren Weg fortsetzen sollten.

Jetzt ging es Richtung Leuchtturm Pellworm, auf dem Gründeich entlang. Auch hier suchten wir uns wieder den höchsten Punkt des Sommerdeichs und liefen somit sicher der Badestelle Landsende entgegen.

»An den Leuchttürmen kannst du dich schon sehr gut orientieren, aber kennst du dich auch mit den Sternen aus?

Wenn du Kapitän werden möchtest, musst du dich auch damit beschäftigen«, nahm ich das Gespräch wieder auf.

Jannik stapfte unbeeindruckt weiter. »Na klar! Ich kenne schon den Großen und den Kleinen Wagen. Und weil der Polarstern im kleinen Wagen ist, weiß ich schon das Wichtigste!«

Aha.

»Kennst du denn auch Kassiopeia?«, fragte ich ihn.

»Wen?«

Das sogenannte Himmels-W war wunderbar deutlich zu sehen.

»Guck mal nach oben und versuche ein Sternbild zu entdecken, das wie der Großbuchstabe W aussieht.«

Jannik blieb stehen und starrte angestrengt himmelwärts.

»Oh Mann, sind das viele Sterne! So viele gibt es in Hamburg nicht! Wie kommen die denn alle hierhin?«

Ich lachte. »Die sind in jeder Nacht auch über Hamburg, aber in den Städten wird es nachts leider nicht mehr dunkel. Je mehr Licht wir Menschen auf der Erde nachts anschalten, desto weniger dunkel ist es draußen. Nicht nur, dass das viele Tiere beim Schlafen stört, es sorgt auch dafür, dass wir die Sterne nicht mehr erkennen können. Es ist nachts einfach zu hell. Wir nennen das Lichtverschmutzung.«

»So etwas gibt es? Machen wir das Licht denn dreckig?«

»Nein. Wir machen das Licht nicht dreckig. Du kannst es dir wie ein breites weißes Bettlaken vorstellen. Dieses Laken legen wir von Stadt zu Stadt ganz um unsere Erdkugel herum. Je größer eine Stadt ist, desto mehr Licht gibt es dort und umso heller leuchtet dieses Laken. Alles was jetzt hinter diesem ist, können wir nicht mehr erkennen. Unser Licht ist einfach zu hell.

Wir verschmutzen also unsere Sicht. Die Sicht zu den Sternen. Deshalb kannst du über Hamburg oft keine Sterne mehr sehen.«

»Das ist ja doof! Können wir dieses Laken nicht kaputt machen?«

»Kaputt machen können wir es leider nicht, Jannik. Aber wenn jeder von uns darauf achtet, nachts weniger Licht brennen zu lassen, dann wird dieses Laken vielleicht irgendwann wieder durchsichtiger.«

Der kleine Mann stand eine Weile nur da und drehte sich immer wieder von rechts nach links und von links nach rechts. Er war völlig überwältigt von dem Sternenmeer am Himmel.

»Die Milchstraße! Ich kann die Milchstraße sehen. Die ist ja riesig!«, rief er aus. Erneut schreckten ein paar Vögel hoch, diesmal beeindruckte das Jannik überhaupt nicht. »Die sind ja auch voll die Angsthasen, genauso wie die Enten!«, ließ er nur kurz verlauten. Dann konzentrierte er sich wieder auf die Sterne.

»Da! Das sieht aus wie ein großes W«, sagte er plötzlich. »Ist das Kaspaia?«

»Kassiopeia«, korrigierte ich ihn. »Ja, das ist das Sternbild Kassiopeia. Das glitzernde Band der Milchstraße geht mitten durch dieses auffällige Sternbild hindurch.«

Wir standen noch eine Weile zusammen am Landsende, tranken unseren heißen Kakao und beobachteten die Sterne. Jannik wurde allmählich müde, daher legte er sich in den Bollerwagen, und ich wickelte ihn in die Decken ein. Liegend bestaunte er die Sterne, und leise murmelnd fragte er mich: »Wohnen deine Oma und dein Opa jetzt auch auf einem dieser Sterne?«

»Ja, das tun sie!« Ich hockte mich neben ihn. Eine Weile betrachtete Jannik ganz ruhig das Sternenmeer, aber dann fielen ihm die Augen zu, und er schlief ein. Er bekam gar nicht mehr mit, dass ich ihn im Wagen nach Hause zog und seine Mutter ihn ins Bett trug.

Seit dieser Nacht brachte ihn die Angst nicht mehr um seinen Schlaf. Wenn er länger wach blieb, dann nur, um noch einmal aus dem Fenster zu gucken und nach den Sternen zu suchen oder um in einem seiner Bücher etwas darüber zu lesen. Die vielen Geschichten und Sagen über die Sterne haben ihm die Angst genommen, aber auch das kleine orangefarbene Lämpchen, das er seit diesem Urlaub zu Hause in seinem Zimmer nachts in die Steckdose steckt. Und natürlich der Wunsch, später mal ein großer Kapitän zu werden.

Eines meiner Lieblingsbücher zum Thema Sterne ist das liebevoll gestaltete Büchlein *Das Sternbilderbuch*, nacherzählt von Ingrid Westerhoff, in dem unter anderem uralte Sagen gesammelt sind. Darin heißt es:

Als die Erde eben erschaffen und der Boden noch ganz weich war, gab es weder Täler, noch Hügel, noch Gebirge. Nur Riesen gab es, mit gewaltigen Schritten gingen sie über das Land. So schwer wogen die Riesen, daß sich jeder Schritt tief in den Boden eingrub; so entstanden die Täler, die Hügel und die Gebirge. Am Firmament, das sich hoch über der Erde wölbte, stand noch kein einziger Stern, nur die strahlende Sonne und der silberne Mond wechselten einander ab. Wenn die Sonne schien, war es hell auf der Welt; kam aber der Mond, blieb die Erde mit ihren Tälern, den Hügeln und Gebirgen dunkel, und es herrschte Nacht. Um die Nacht zu vertreiben, warfen die Riesen große Kugeln aus Erde an das Himmelsgewölbe. So durchlöcherten sie das Firmament, und durch die Öffnungen hindurch funkelte das innere Licht des Himmels. So entstanden die Sterne.

In den unzähligen Nächten, in denen ich so oft fragend in den Sternenhimmel blicke, muss ich das ein oder andere Mal an die Nachtwanderung mit Jannik und Chico, aber auch an diese Sage denken. Fühle ich mich manchmal wie ein Zwerg, der orientierungslos in der Dunkelheit steht, stärken mich die Erinnerungen an den kleinen Riesen Jannik und an die großen Riesen, die die Dunkelheit durchlöcherten. Dann stelle ich mir vor, wie ich meine Fragen und Zweifel zu großen Erdklumpen forme und sie Richtung Himmel schmeiße. Wut, Angst und Ratlosigkeit können sich zu einer enormen Kraft entwickeln! Und tatsächlich tut sich irgendwann ein Licht auf. Ein Licht in Form eines Gefühls: Vertrauen. Das Vertrauen darauf, dass es immer Orientierungspunkte gibt, egal, wie dunkel die Nacht auch sein mag. Man muss sie nur wahrnehmen. Das wird mir immer wieder klar. Ebenso klar wie die Einsicht, wie sehr ich mit dieser Hallig verbunden bin. Ein Schlickhaufen, über den ich reden kann, ohne müde zu werden, ein Ort, von dem ich behaupte, dass er mit allen Sinnen erlebbar ist. Sogar wenn es dunkel ist. Und darauf kommt es an! Ich muss selbst für die Orientierungspunkte in meinem Leben sorgen. Punkte, die mir den Weg weisen und auch meine Leitplanken darstellen, wenn ich das Gefühl habe, in der Dunkelheit vom Weg abzukommen. Dieses tolle Gefühl vermittelt mir dieses kleine Fleckchen Erde. Hier habe ich festen Boden unter den Füßen, der mir den Weg weist, und Sterne über mir, die mich leiten. Nicht immer direkt, aber immer wieder in die richtige Richtung. Und das Schönste ist, wenn ich mich in einem anderen Land befinde, dann gucke ich immer nach den Sternen und den Sternbildern, die mir bekannt sind. Dann erinnere ich mich daran, wie sie von Hooge aus zu sehen sind, und sofort stellt sich die Gewissheit ein, dass ich nicht allein bin, und vor allem empfinde ich dann wieder dieses Urgefühl. Vertrauen.

KAPITEL 9

Saisonbeginn – es kommt wieder Leben auf die Hallig

Nach jeder Dunkelheit wird es wieder hell, nach jedem Abschied kommt auch wieder ein Neuanfang. Das ist so vorgesehen, und so geschieht es auch. Egal, wie dunkel und kalt ein Winter war, irgendwann werden die Tage wieder länger, und das Frühjahr hält Einzug. Wirklich bewusst nehme ich das ab Mitte Februar war. Erst wenn das Biikebrennen, das traditionell am 21. Februar stattfindet, hinter uns liegt, nehme ich die letzte Lichterkette im Garten ab. Inzwischen bleibt es relativ lang beziehungsweise wird es morgens früh hell, sodass die paar Stufen vor meinem Haus keine künstliche Lichtquelle mehr benötigen.

In der ersten Februarwoche findet der meist farbintensive Sonnenaufgang gegen acht Uhr statt, und am frühen Abend gegen fünf ist häufig ein Sonnenuntergang zu beobachten, der noch einmal tief in den Farbtopf greift. Gelb- und Rottöne in sämtlichen Varianten verschmelzen in einer ausschweifenden Intensität am weiten Horizont. Egal, ob bei hohem Wasserstand, bei dem die Grenze zwischen Meer und Horizont in sich verläuft, oder bei Niedrigwasser, wenn das Watt frei liegt – man kann sich gar nicht sattsehen. Im Wasser spiegeln sich die roten bis purpurfarbenen Wolkenbänder, und auf dem Meeresboden leuchtet das Watt in Feuerfarben. In der kalten Jahreszeit sind diese Momente einfach noch schöner und intensiver. Dennoch macht sich langsam die Sehnsucht nach Wärme bemerkbar. Bunte Farben am Himmel reichen auf Dauer nicht aus. Es muss auch wieder Farbe auf das Land kommen, und vor allem Leben.

Den ersten Hinweis, dass die längste Zeit des Winters hinter uns liegt, bekomme ich durch die Wacholderdrosseln, die Anfang Februar bei der Futterstelle auf meiner Terrasse auftauchen. Überwiegend tummeln sich dort während der Wintermonate unzählige Spatzen, ein paar Kohlmeisen, manchmal entdecke ich auch Blaumeisen und natürlich Amseln. An manchen Tagen bekomme ich auch Rotkelchen ebenso wie Grünfinken und Stieglitze zu Gesicht, obwohl sich diese im Winter eigentlich lieber im Süden aufhalten.

Deutliche Boten des nahenden Frühlings sind zuerst die Nonnengänse, die seit ein paar Jahren in immer größeren Schwärmen zu uns kommen, dicht gefolgt von den Ringelgänsen. Wenn Letztere Mitte, Ende Februar aus ihrem Winterrevier, dem deutsch-niederländischen Wattenmeer oder aus dem Süden Englands zurück auf die Halligen kommen, um sich für ihre Reise nach Sibirien zu stärken, lässt der Frühling nicht mehr allzu lange auf sich warten. Zunächst kommen sie in kleinen Schwärmen im Wattenmeer an, die jedoch zügig größer werden. Bis zu fünfzigtausend Ringelgänse tummeln sich im

Frühjahr auf den Halligen, und ihr auffälliges »Rott rott« ist bis Ende Mai gut aus den anderen Vogelstimmen herauszuhören.

2018 kam der Winter allerdings Anfang März noch einmal zurück, und das strenger als in den Wochen zuvor, denn der Ostwind gab noch einmal alles. In der ersten Märzwoche wurde es so kalt, dass der Wasserablauf in meiner kleinen Ferienwohnung innerhalb einer Nacht einfror. Meine Gäste waren gerade abgereist, und ich hatte planmäßig eine Nacht frei, bevor die nächsten Gäste anreisen sollten. Daher war wenig Bewegung in den Rohren, was für das Einfrieren förderlich war. Ich machte mir große Sorgen, denn ein Wasserrohrbruch ist so ziemlich das Letzte, was man im Winter auf einer Hallig und dann auch noch während eines Gästewechsels braucht. Also drehte ich den Heizkörper im Badezimmer der Ferienwohnung bis zum Anschlag auf und stellte zusätzlich einen Radiator in die Ecke des Raumes, in der die Rohre hinter der Wand verlaufen. Natürlich lief die Heizung bei diesen Wetterbedingungen auch die Nacht durch, denn sonst kühlt das Haus insgesamt zu sehr aus, und es dauert morgens viel zu lange, bis eine angenehme Temperatur erreicht ist.

Inzwischen hatte ich in meinem Garten auch schon eine Waldschnepfe und zwei Braunellen entdeckt, aber dann kam der Schnee. Fast 15 Grad unter null zeigte das Thermometer – das konnte nicht gut gehen. Meine Wasserleitung hielt zwar, da hatte ich Glück, aber für viele Vögel war dieser Wintereinbruch im März zu hart. Viele Ringelgänse verschwanden, wobei ich nicht sagen kann, wohin sie flogen. Andere Vögel konnten sich nicht in Sicherheit bringen und erlagen den extremen Bedingungen. Da half es auch nicht, dass ich die Futterstellen erweiterte und täglich versuchte, verschiedene

Unterschlupfmöglichkeiten zu bauen. Wind und Schnee waren bei mir im Garten für mehrere Wacholderdrosseln und auch für einen Sanderling, der sich normalerweise nicht in einem Garten blicken lässt, sondern sich lieber direkt am Wasser aufhält und eigentlich auch zu früh zurück in den Norden gekommen war, letztendlich zu viel. Ihnen konnte ich nur noch eine geschützte Stelle für ihre letzte Ruhe schaffen.

Kurz und machtvoll zog der Winter noch einmal über die Hallig, und dann blühten in der letzten Märzwoche schon die Schneeglöckchen. Märzenbecher und die ersten Krokusse bahnten sich lebensfroh ihre Wege durch den noch kalten Boden.

Und dann waren auch schon bald die Lerchen zu hören. Bei einem Spaziergang über die Hallig sieht man sie hoch in der Luft fliegen. Es dauert eine Weile, bis das Auge sie erfasst. Auch sind dann die ersten kleinen Schwärme von Staren zu beobachten. Wenn dazu dann die ersten melodischen Gesänge der Amseln zu hören sind, die Ende Februar noch sehr verhalten sind, geht mir das Herz auf. Am 21. März, pünktlich zum Frühlingsanfang, wurde ich früh morgens durch den Gesang einer Amsel wach. Einen angenehmeren Wecker gibt es für mich nicht. Und das erste zaghafte Ständchen zum Feierabend gab es schon ein paar wenige Tage später. Pünktlich zur Umstellung vom Winter- in den Sommerfahrplan der Fähre.

Zu Jahresbeginn muss die »MS Hilligenlei«, unsere Versorgungs- und Autofähre, für zwei, drei Wochen in die Werft, und im März hilft sie dann noch einmal zehn Tage auf der Nachbarinsel Pellworm aus, wenn deren Fähre zur Überholung in die Werft muss. Das ist dann für die Halligbewohner noch einmal eine zähe Zeit. Rund fünf Monate gibt es montags und mittwochs keine Verbindung. Bis auf den Donnerstag, an dem es zwei Verbindungen gibt, ist der Schiffsverkehr zwischen dem Festland und den Halligen ansonsten eingeschränkt. Und kurz bevor es dann endlich wieder in den Sommerrhythmus geht, muss die Fähre in die Werft. Für das Schiff notwendig, für die Halligleute eine weitere Einschränkung. Während dieser Zeit fährt zwar ein Schiff, aber auf diesem können keine Autos transportiert werden. Das heißt, alle Einkäufe, Materialien, alles an Post und Gepäck muss per Hand an und von Bord geschafft werden. Und das in einer Zeit, in der man dick angezogen ist. Schnelle Bewegungen fallen schwer, wenn Mütze und Schal die Sicht einschränken und sich das Wetter gern von seiner garstigen Seite zeigt.

Darüber hinaus werden in der Winterzeit häufig Renovierungen an Haus und Hof durchgeführt. Jeder ist also gut beraten, sein gesamtes Material zum letzten Termin mit der Autofähre auf die Hallig zu schaffen. Dennoch passiert es, dass man etwas vergisst und nun vor der eigentlichen Arbeit schon kräftig zupacken muss, um alles per Ausflugsschiff auf die Hallig zu schaffen. Einmal mehr heißt es also, dass Festlandaufenthalte gut durchgeplant sein sollten. Das Angenehme an dem Ausflugsschiff ist allerdings, dass es gemütlicher ist und man wieder schneller ins Gespräch kommt und zusammenrückt. Auf unserer großen Fähre verläuft sich das durch die drei Decks und die Restauration unter Deck recht schnell.

Wenn diese Fähre, unsere »Hilligenlei«, aus der Werft zurück ist, sind die ersten Touren schnell gebucht, und es ist spätestens jetzt deutlich zu merken, dass die Saison vor der Tür steht. Je nachdem, wie Ostern liegt, aber spätestens im April, fährt die »Hilligenlei« wieder zweimal täglich. Die ersten

Verbindungen zur Hallig Hooge werden genutzt, um beispielsweise die Kutschen und die ersten Pferde auf die Hallig zu bringen. Dazu gehören natürlich auch die Kutscher, die nach ihrer Winterpause zurückkommen. Das erste Mal trifft man sich also auf der Fähre und hat dort ein wenig Zeit, um in Ruhe miteinander zu plaudern. Wenn erst einmal alle wieder in der Saison stecken, kommen persönliche Gespräche schnell zu kurz. Auch trifft man auf dieser Tour Saisonarbeitskräfte oder einen Nachbarn, der den Winter in warmen Gefilden verbracht hat. Und schon kehrt schnell wieder Leben auf der Hallig ein. Und das Schönste, was mir immer bewusst auffällt, wenn ich die ersten Fahrten im Sommerfahrplan mitfahre, ist, dass es noch hell ist, wenn wir abends gegen Viertel nach sieben auf Hooge anlegen.

Das Leben auf der Hallig wird sichtbar quirliger, ebenso geht es in meinem Garten zu. Der April, mein Lieblingsmonat, steckt voller Energie, die gelebt wird, bis die Federn fliegen. Eine wilde Geschäftigkeit ist zu beobachten, und am liebsten würde ich den ganzen Tag nur am Fenster stehen und in den Garten gucken. Die Tauben turteln zärtlich miteinander, umgarnen sich so liebevoll, dass mir vor Rührung das Grinsen im Gesicht steht. Die Amseln fliegen emsig durch den Garten und schaffen aus allen Ecken Nistmaterial herbei. Als Paar wird gemeinsam an der Wohnstube für den Nachwuchs gearbeitet, und innerhalb einer Woche ist ein kompaktes Nest im Lorbeerbaum oder in einem ausgedienten Tonblumentopf entstanden, den ich einfach zwischen die Zweige der Hecke geklemmt habe. Die Spatzen haben schon längst (fast) alle Vogelhäuschen rund um mein Haus belegt und stopfen alles hinein, was sie in ihren kleinen Schnäbeln herbeischaffen können. Dort finden sich unendlich viele Federn unzähliger Artgenossen, alte, trockene Gras- oder Heureste, aber auch frisch gezupfte Blüten oder Blätter von den gerade sprießenden Kräutern im Beet. Also wird auch auf ein angenehmes Raumklima Wert gelegt. Das habe ich auch bei Familie Star beobachtet, die gern vor allem für die zweite Brut bevorzugt frischen Salbei ins Häuschen bettet. In das Häuschen, das sie jedes Jahr erfolgreich vor den Spatzen verteidigen. Über zwanzig Vogelhäuschen hängen um das Haus am Landsende, an Wänden oder in den Bäumen, überwiegend von Spatzen, von Staren, aber mit Glück auch von Meisen in Beschlag genommen. Aber auch zwei Kästen für Fledermäuse haben ihren Platz zwischen der gefiederten Kolonie gefunden. Noch sind leider keine Mieter eingezogen. In den warmen Sommernächten sieht man sie immer wieder mal durch die Luft fliegen, auf der Jagd nach Beute. Unterschlupf finden sie unter anderem auf den ehemaligen Heuböden oder in Ställen der Höfe, die ihnen zum Glück noch zur Verfügung stehen, sofern sie nicht zu Wohnräumen umgebaut wurden. In Holunderbüschen oder in der Hochstammrose nisten sich gern Bluthänfling- oder Rotkehlchenpaare ein oder auch der Zaunkönig. Und eines haben alle Nester gemeinsam (abgesehen von denen der Schwalben): In allen ist immer auch ein ganz besonderes Baumaterial zu finden, nämlich Fell. Inzwischen ist mein Hund Chico schon acht Jahre nicht mehr bei mir, aber ich habe noch etwas von ihm und hüte es wie einen Schatz. Zu seinen Lebzeiten habe ich ihn regelmäßig gebürstet. Ein Berg von Wolle ist dadurch zustande gekommen, von dem ich in jedem Frühjahr immer noch etwas in entsprechenden Spendern in den Garten hänge. Die Vögel kennen die Plätze in der großen Weide inzwischen, holen sich dort einen Schnabel voll weg und flechten es regelrecht in ihre Nester ein. Dieses zu beobachten, ist für mich ein großes Glück, das ich mit Worten nicht zu beschreiben vermag.

Aber nicht nur in meinen Garten kehrt das Leben zurück, auch auf den Fennen wird fleißig für Nachwuchs gesorgt. Die Graugänse sitzen ab März auf ihren Gelegen, die Enten sind die Nächsten. Ganz nebenbei kehren Pieper, Pfeifer und Schnäbler aus den Winterrevieren zurück, und auch die Rotschenkel laufen einem immer wieder vor die Füße. Wenn auch mit gesundem Abstand. Die Gruppen der Austernfischer werden wieder größer, und mit viel Glück ist sogar ein Kiebitz zu entdecken. Dieser wunderschöne Vogel ist im Laufe der letzten Jahre leider deutlich seltener auf den Halligen geworden, und auch um die Population der Austernfischer macht man sich Sorgen.

Tummeln sich auf der einen Wiese die Vögel, sind es auf der nächsten die Schafe mit ihren Lämmern. Die Lebensfreude der jungen Wilden ist ansteckend. Vor allem in den frühen Abendstunden springen sie wie vom Hafer gestochen um die großen Schafe herum, manchmal auch obendrüber, wenn mal wieder eine der Tanten im Weg liegt.

Mit am meisten freue ich mich allerdings jedes Jahr aufs Neue, wenn endlich die Schwalben auf die Hallig zurückkehren. Mir ist bewusst, dass sie erst Ende April landen, aber ich halte immer schon mindestens zwei Wochen vorher nach ihnen Ausschau. Ob es überall so ist, kann ich nicht nachvollziehen, aber hier ist es tatsächlich so, dass erst ein paar wenige Schwalben auftauchen. Wie ein Späher- oder Kundschaftertrupp, der sich einen Überblick verschafft, ob am Ziel alles in Ordnung ist. Nach der Sichtung verschwinden sie wieder. Ob sie zurück zu den anderen fliegen und ihnen Bescheid sagen: »Es ist alles in Ordnung, wir können wieder nach Hooge fliegen« oder »Wir sollten noch ein paar Tage warten, denn die Kühe sind noch nicht auf den Halligen« oder »Katja hat die Stalltüre zwar noch nicht geöffnet, aber im Garten habe ich schon die ersten Mücken fliegen sehen, wir können los«, wird mir ein ewiges Rätsel bleiben. Plötzlich sind sie alle wieder da.

Im letzten Jahr wurde ich Ende April auf die erste singende Schwalbe über meinem Kopf aufmerksam. Ich kam gerade aus dem Garten, ging um mein Haus herum Richtung Haustüre, da flog sie über mich hinweg. Es kam mir wie eine fröhliche Begrüßung vor, und ich erwiderte sie mit »Hallo, Schwalbi, willkommen zu Hause!« in ihre Richtung. Ein wahres Glücksgefühl für mich. Es heißt ja auch in einem alten Sprichwort: »Wenn Schwalben am Haus brüten, geht das Glück nicht verloren.« Spätestens jetzt heißt es für mich also, die alte Stalltüre zu meinem Anbau wieder offen stehen zu lassen. Zumindest die obere Hälfte. So können sie jederzeit rein- und rausfliegen, um dort nicht nur Schutz zu finden, sondern auch um zu brüten.

In einem Jahr waren drei Nester belegt, meistens ist es aber nur eins. Weitere Nisthilfen sind inzwischen um mein Haus herum entstanden, sodass ich eigentlich immer zwei, drei Schwalbenfamilien beherbergen darf. Schon im Altertum wurden Schwalben als heilig angesehen. Im Mittelalter wurden sie als Glücksbringer und Frühlingsboten verehrt. Und nach einer Bauernregel werden sie auch »Muttergottesvögel« genannt. Ihre Abflug- und Ankunftszeit orientiert sich ja auch an Geschehnissen in Marias Leben. So heißt es im badischen Raum: »Am Tage von Maria Geburt fliegen die Schwalben furt« (8. September), und zu »Marienverkündigung kommen sie wiederum« (25. März). Diese Termine stimmen jedes Jahr fast exakt überein.

Die Liebe zu den Schwalben hat mir inzwischen eine Auszeichnung des Naturschutzbundes Deutschland (NABU) eingebracht, welche mein Haus als »Schwalbenfreundliches Haus« bezeichnet. Jahrhundertelang waren Schwalben für uns ganz selbstverständliche Mitbewohner, aber heute sind sie in Städten so gut wie gar nicht mehr zu sehen, und auch in Dörfern sind sie längst keine Selbstverständlichkeit mehr. Mit jedem Bauernhof, der stillgelegt wird oder aufgegeben werden muss, verlieren die Schwalben ihr Zuhause, in dem sie ein Nest bauen und ihren Nachwuchs großziehen. Schwalben finden heute leider immer seltener geeignete Nistmöglichkeiten, und auch das Nahrungsangebot wird knapp. Sie benötigen keine Bäume oder gestreutes Vogelfutter. Schwalben brauchen bestenfalls Ziegelhauswände und (fliegende) Insekten. Sie brauchen Menschen, die Schwalbennester an ihren Häusern und natürlich auch den damit verbundenen Dreck respektieren und aushalten und insektenfreundliche Gärten anlegen, in denen auch Wildkräuter wachsen dürfen. Eigentlich gar nicht so außergewöhnlich, sollte man meinen, aber in der heutigen Zeit, in der es einfach und praktisch sein muss, leider eher die Ausnahme. Dabei ist das doch nun wirklich der einfachste Weg, seinen Beitrag zum Schutz unserer Umwelt zu leisten. Und das Natürlichste dazu.

Und die Schwalben danken es mit ihrem fröhlichen Gezwitscher. Höre ich eine Schwalbe ihr Lied schmettern, anders kann ich es gar nicht beschreiben, vergesse ich in diesem Moment alles um mich herum. Wenn ich sie auf meiner Wäscheleine sitzen sehe, manchmal bis zu dreißig Stück, mehrere

Familien zusammen, die sich was erzählen, empfinde ich einfach nur Glück. Wenn mir dann in den Sinn kommt, was diese kleinen, rund zwanzig Gramm leichten, wunderschönen und grazilen Wesen zweimal im Jahr leisten, werde ich von Demut erfüllt. Auf ihrer Reise in die warmen Gefilde überqueren meine Rauchschwalben das Mittelmeer und höchstwahrscheinlich auch die Sahara. Unterschiedliche Wetterbedingungen und die eigene Konstitution sind das eine, das andere sind die menschlichen Gefahren, wie Stellnetze und Jäger, denen sie ausgesetzt sind. Schwalben sind für mich die Delfine der Lüfte, und ich mag mir nicht vorstellen, wie ruhig und trostlos es um mich herum wäre, wenn sie eines Tages nicht mehr zurückkämen.

Auch aus diesem Grund freue ich mich jedes Jahr aufs Neue, wenn Ende April, Anfang Mai endlich unsere vierbeinigen Sommergäste, die Kühe, auf die Hallig kommen, denn spätestens dann kommen auch die Fliegen, sofern die Temperaturen entsprechend sind. Fliegen, Mücken und andere fliegende Insekten sind die Hauptnahrungsquelle der Schwalben, und Fliegen werden wiederum von Kühen angezogen. Neben den unbeschreiblich schönen Momenten, die mir die Schwalben schon bereitet haben, und dem Bewusstsein, wie clever die Natur den Rhythmus aufeinander abgestimmt hat und wie alles eng zusammenhängt, haben mir vor allem die Schwalben darüber hinaus auch eine wunderbare Brieffreundschaft beschert.

Ein Vogelfreund und -fachmann aus dem Süden Deutschlands hat in einem Fernsehbericht von meiner Affinität zu Vögeln erfahren. Er ist Ornithologe sowie Initiator und langjähriger Leiter eines Naturschutzzentrums in Baden-Württemberg und Autor zahlreicher Bücher. Er hat sich so darüber gefreut, dass ich in meinem Garten auf Brut- und Futterplätze Wert lege und vor allem Schwalben bei mir willkommen sind, dass er Kontakt zu mir aufgenommen hat. Daraus hat sich inzwischen ein reger Briefwechsel ergeben, der sich meistens auf unsere gefiederten Freunde bezieht und mir schon zahlreiche Tipps und Ratschläge beschert hat. So bekomme ich aus geschulter Hand und aus einem großen Erfahrungsschatz immer wieder Hinweise, was und wie ich dazu beitragen kann, dass die Saison jedes Jahr aufs Neue rund um mein Haus bunt, fröhlich, vielfältig und sehr lebendig Einzug hält.

KAPITEL 10

Mach ich's, mach ich's nicht …

Mit dem Frühjahr kam nicht nur neues Leben auf die Hallig, sondern auch wieder frischer Wind in die Kommunalpolitik. Obwohl ich mir überhaupt nicht im Klaren darüber war, wohin mich dieser Weg führen sollte, habe ich mich wieder für die ehrenamtliche Arbeit in der hiesigen Politik eingesetzt.

Bereits Ende 2016 hatte mich Lisa, eine Nachbarin, überzeugt, eine Idee aufzugreifen, die ich zwei Jahre zuvor schon einmal im Rahmen meiner politischen Arbeit versucht hatte ins Leben zu rufen. Die Idee eines Bürgerstammtisches wurde in der Gemeindevertretung zwar für gut befunden, die Umsetzung verlief allerdings im Sande. Später kümmerte ich mich nicht mehr um dieses Projekt, denn zwischenzeitlich war ich aus verschiedenen Gründen aus der Gemeindevertretung ausgetreten. Nachdem Lisa ebenfalls früher, als das Mandat es vorsah, aus der politischen Arbeit ausgeschieden war, überzeugte sie mich, nach einem gewissen Abstand von der Kommunalpolitik, einen anderen Weg einzuschlagen. Wenn Lisa sich etwas in den Kopf gesetzt hat, lässt sie davon nicht so schnell ab. Manchmal bewundere ich sie für ihre Visionen und ihre Standhaftigkeit. Allerdings legt sie häufig ein Tempo an den Tag, bei dem es mir schwerfällt, ihr zu folgen. Heute möchte sie den Gesundheitstourismus voranbringen, morgen die Bio-Vermarktung, und übermorgen stellt sie die EU-Auflagen in der Landwirtschaft auf den Kopf. Da komme selbst ich nicht hinterher. Wenn ich aber sehe, wie viel Herzblut, Leidenschaft und Ausdauer sie in ihre Ideen steckt, ziehe ich meistens ehrfürchtig meinen Hut. Wir beschlossen also, einen neuen Versuch zu starten, das gesellschaftliche Miteinander auf der Hallig zu fördern und Projektideen umzusetzen. »Locker – unvoreingenommen – offen: Gemeinsam!« Das war die Devise, unter der wir zum ersten Bürgerschnack auf der Hallig einluden. Wir wollten mit Bürgern ins Gespräch kommen, um herauszufinden, worin die Unzufriedenheit lag, von der immer wieder auf Hooge zu hören war.

»Zwar reden die Leute von *wir*, aber in der Umsetzung steht das *ich!*«

»Es wird auf der Hallig mehr übereinander als miteinander geredet!«

»Einer macht, aber andere lassen mit sich machen!«

Unzufriedenheit verbunden mit dem Wunsch nach Veränderung in der hiesigen Politik wurde geäußert. Uns ging es genauso, also verteilten wir die Einladungen zu einer gemeinsamen Gesprächsrunde an jeden Haushalt. Nach einem gut besuchten ersten Abend in der guten Stube des Restaurants

Zum Friesenpesel folgten ein- bis zweimal im Monat weitere Gespräche innerhalb einer stets bunten Runde, und geschnackt wurde über alles Mögliche: Presseartikel wurden unter die Lupe genommen, Nachbarschaftshilfe diskutiert, der Mikrokosmos Hallig wurde durchleuchtet, ebenso der Unterschied zwischen Natur- und Umweltschutz. Und es kam auch immer wieder das Thema Lokalpolitik auf den Tisch. Schnell kristallisierte sich heraus, dass an diesem Punkt der Schuh am meisten drückte. Aussagen wie »Früher hat man noch für ein Ziel gekämpft, heute heben die nur noch die Hand!« oder »Es geht ja keiner mehr zu einer Sitzung!« brachten die Unzufriedenheit auf den Punkt: Politikverdruss!

Lisa und ich wollten den Bürgerschnack bewusst nicht zu einer Politikplattform werden lassen und luden daher parallel zu Arbeitssitzungen ein, in denen es ausschließlich um politische Themen ging. Daraus entwickelte sich eine aktive Gruppe, die nicht nur über wünschenswerte Veränderungen sprach, sondern bald ein klares Ziel formulierte: Wir wollten bei der bevorstehenden Kommunalwahl eine Veränderung herbeiführen. Eine parteipolitische gesunde Mischung in der nächsten Gemeindevertretung und vor allem das Miteinander zwischen Bürgern und Bürgervertretern wurden unser erklärtes Ziel.

In dieser spannenden und auch lebendigen Zeit vor der Kommunalwahl gründete sich nach vielen Jahren Pause auch wieder ein CDU-Ortsverein. Endlich gab es wieder die Aussicht auf einen politischen Wettstreit bei der bevorstehenden Wahl und auf eine funktionierende Opposition. Ich entschied mich gegen den Eintritt in diesen Ortsverein, weil ich schlicht und ergreifend kein Parteimensch bin. Ich halte nichts davon, vor allem auf einem so kleinen Fleckchen Erde, sein Denken und Tun in erster Linie nach der Farbe des Parteibuchs zu dosieren. Ich halte es für kontraproduktiv und kurzsichtig, sich zuerst an parteiinternen Vorgaben zu orientieren und dann erst mögliche Gemeinsamkeiten auszuloten und zu nutzen oder sogar im schlimmsten Fall in »Andersfarbigen« Konkurrenten zu sehen. Ich wollte mich lieber außerhalb einer Parteiorganisation engagieren. Nichtsdestotrotz habe ich mich über die Neugründung gefreut, denn eine Opposition war und ist auch in einem zahlenmäßig überschaubaren Gemeinderat wichtig.

Unsere Treffen mit Bürgern aller Couleur fanden regelmäßig statt, und unter uns Aktiven aus der Bürgerschnack-Runde kam um den Jahreswechsel 2017/2018 herum der konkrete Gedanke auf, die vor Jahren eingeschlafene Wählergemeinschaft zu reaktivieren, um bei der Kommunalwahl anzutreten. Für diese Idee wurden schnell Gleichgesinnte gefunden, und wir konnten aufgrund der Vorarbeit rund zehn Jahre zuvor auf ein Wahlprogramm, eine Satzung, eine Mitgliederliste und jede Menge Erfahrung zurückgreifen. Das war mehr als hilfreich, denn dadurch ließ sich in Anbetracht der relativ knappen Zeit bis zur Wahl im Mai noch einiges erreichen. Direkt nach der Gründung im Februar wurde der Vorstand gewählt, und neben drei sehr fleißigen Frauen gehörte ich dazu. Von da an ging die Arbeit erst so richtig los. Der Vorstand legte sich ins Zeug, um die Wünsche der Mitglieder so gut wie möglich umzusetzen, und unser Anspruch verlangte von uns, alle mitzunehmen und transparent in unserem Tun zu sein. Das ist oftmals leichter gesagt als getan. Sahen wir unsere Ergebnisse dann auf dem Tisch liegen, zum Beispiel in Form eines überarbeiteten Wahlprogramms, waren wir stolz auf unsere Leistung. Diese Ergebnisse sorgten für ein gutes Gefühl und bestärkten mich darin, diesen Weg weiterzugehen. Inzwischen wollte ich wieder in die Kommunalpolitik zurück, wollte wieder in der Gemeindevertretung tätig sein. Mir war allerdings klar, dass ich mich keinesfalls mehr mit dem gleichen Einsatz wie vorher engagieren würde. Da habe ich manchmal zu viel von anderen, aber vor allem auch von mir verlangt. Anspruch und Kraft standen nicht immer in einem guten Verhältnis. Daraus habe ich gelernt, das ist mir eine Warnung geworden, und in diese Falle möchte ich nicht noch einmal tappen!

Ich machte meinen Mitstreiterinnen also unmissverständlich klar, dass ich zwar alles mitmachen, aber nicht als Bürgermeisterkandidatin zur Verfügung stehen würde. Innerhalb der Wählergemeinschaft war das auch erst einmal kein vorrangiges Thema. Unsere Absichten wurden aus dem Herzen heraus aufgestellt: für unsere Hallig, für eine gesunde Mischung in der politischen Vertretung. Wir haben natürlich nicht mit großen Veränderungen locken oder mit Versprechungen reizen können. Aber wir blieben am Ball und formulierten schließlich frei nach Aristoteles: »Wir können den Wind nicht verändern, aber die Segel neu setzen.«

Das Wir, das Miteinander stand von Anfang an im Vordergrund unserer Arbeit, nicht die Besetzung der Bürgermeisterriege. So sind wir von Sitzung zu Sitzung und schließlich auch in die Wahl gegangen. Am 6. Mai 2018 fand die Kommunalwahl auf Hooge statt, bei der aus vier Parteien beziehungsweise Wählergruppen und Einzelkandidaten die sieben künftigen Gemeindevertreter und -vertreterinnen gewählt wurden.

Tatsächlich haben wir die meisten Stimmen erhalten. Was für ein Erfolg! Diejenigen, die den Abend vor dem Wahllokal verbrachten und bis zur Ergebnisverkündung ausharrten, waren erleichtert und zufrieden. Bekamen wir doch nun die Bestätigung dafür, dass wir mit unserem Auftreten und unserer Wahrnehmung, aber auch mit unserem Vorgehen ins Schwarze getroffen hatten. Und das, obwohl unser Wahlprogramm »nur« aus einer Seite bestand. Wir erhielten 133 Stimmen, im Vergleich zu 108 Stimmen der SPD, dem Wahlsieger der letzten Kommunalwahl. Jeder Bürger hatte vier Stimmen zur Verfügung, die er auf dem Stimmzettel verteilen konnte. Die meisten Stimmen landeten bei den Mitgliedern der Wählergemeinschaft. Und auch die Einzelergebnisse unserer vier Direktkandidaten konnten sich sehen lassen. Wir waren wirklich zufrieden mit unserer Arbeit und unserem Engagement. Die Überraschung des Abends ließ mich allerdings etwas verhalten mit der Freude umgehen. Einige kamen auf mich zu und sagten: »Das war doch klar!«, aber für mich war das ganz und gar nicht klar.

Eineinhalb Jahre vorher, während ich an meinem ersten Buch schrieb, hatte ich mich noch ernsthaft damit auseinandergesetzt, ob ich zur Hooger Gemeinschaft oder nur zur Gesellschaft dazugehören würde, und nun stand ich an diesem Abend da, mit den meisten Stimmen auf dem Zettel mit dem vorläufigen Wahlergebnis. Jetzt war guter Rat teuer! Sollte ich das Ergebnis, somit den Wunsch der Wählermehrheit, ernst nehmen und mich zur Bürgermeisterkandidatin der Wählergemeinschaft aufstellen lassen, oder sollte ich mir selbst treu bleiben und mich an meine Aussage halten? Die konstituierende Sitzung sollte rund sechs Wochen später stattfinden. Was nun? Mach ich's, oder mach ich's nicht?

Eines Nachmittags saß ich in meiner Stube und haderte wieder einmal mit mir. Das Gefühl, alles hinschmeißen zu wollen, breitete sich wie ein großer grauer Teppich in mir aus. Meine Stimmung war im Keller, meine Entscheidung deutlich auf »Macht euren Sch... doch allein!« ausgerichtet. In diesem Moment kam Jan, der gerade zufällig in der Nähe war, zur Tür herein. Als langjähriger engster Freund sah er natürlich sofort, dass mit mir etwas nicht in Ordnung war. Abstreiten wäre gar nicht möglich gewesen, und so kam es, wie es kommen musste. Jan bekam mal wieder alles ab, denn mir riss endgültig der Geduldsfaden. Ich konnte und wollte das alles nicht mehr, und ich hatte es echt satt. Ständig kamen Forderungen und Drohungen und der Druck, den ich empfand, wurde immer größer. Klar wollte ich Verantwortung übernehmen, aber es kam mir vor, als würden alle über mich verfügen und von allen Seiten an mir zerren. Jan saß vor mir und hörte sich meine Klage mit der ihm eigenen schier grenzenlosen Geduld schweigend und aufmerksam an.

»Es interessiert anscheinend niemanden, dass ich von Anfang an gesagt habe, dass ich für den ersten Bürgermeister nicht zur Verfügung stehe. Das wird einfach überhört! Alle nehmen sich heraus zu sagen, dass sie ja keine Zeit für diesen Posten hätten! Aber ich oder was? Ich bekomme andauernd zu hören: ›Du musst den Bürgermeister machen, wer soll es denn sonst tun?‹ oder ›Du musst es ja nicht so machen wie dein Vorgänger!‹. ›Du musst, du musst!‹«

Ich stapfte in wütender Verzweiflung auf dem roten Steinboden auf und ab und fuchtelte theatralisch mit den Armen. Jan verzog keine Miene.

»Gern gesagt wird übrigens auch: ›Das ist alles nicht so schlimm, in die Aufgaben wächst man rein.‹«

Diese Aussage kam natürlich von Bürgern, die selbst noch keinen Bürgermeisterposten innegehabt haben, meistens noch nicht einmal überhaupt ein politisches Mandat bekleideten.

»Und dann«, fauchte ich weiter, »wird auch gern ganz unverblümt Folgendes geäußert: ›Wenn du es nicht machst, und dann Person X oder Y gewählt wird, dann trete ich aus!‹ Ja, vielen Dank auch! Damit werde ich dann mal eben handlungsunfähig gemacht. Erpressung nennt man das!«

Mein Nervenkostüm hatte in den letzten Wochen an Spannkraft verloren. Ich versuchte, all diese Aussagen nicht allzu sehr an mich heranzulassen, sie auch mal mit Humor und natürlich auch als ein Zeichen der Wertschätzung zu nehmen. Immerhin traute man mir den Bürgermeisterposten zu. Es kann aber auch anstrengend sein und Druck ausüben. Nicht nur auf mich, sondern auch auf andere Kollegen, die sich zum Beispiel Vorstandsposten angenommen haben, oder auf diejenigen, die ebenso als Kandidaten für die Gemeindevertretung aufgestellt sind. Ich bin davon überzeugt, dass das kein Halligphänomen ist, sondern ein gesellschaftliches Problem. Der Umgang mit jenen, die sich freiwillig für ein Ehrenamt oder für eine Führungsposition zur Verfügung stellen, ist nicht immer freundschaftlich. Mal abgesehen davon, dass das Ehrenamt definitiv unterbezahlt ist, vor allem in Bezug auf die Verantwortung, die manch Freiwilliger mit seinem Mandat übernimmt. Erwartungen werden unverblümt ausgesprochen, Forderungen schnell gestellt und Druck aufgebaut – manchmal unbewusst, manchmal aber auch ernst gemeint. Die Wertschätzung bleibt dabei schnell auf der Strecke. Offenheit auch. Wenn man dann anfängt, darüber nachzudenken, ob man es machen soll oder nicht, kann daraus schon mal der Wunsch entstehen, sich aus allem rauszuhalten und sein eigenes Ding zu machen.

Jeder kennt die Legende von der Hummel, die nach den Gesetzen der Aerodynamik nicht fliegen kann. Die Hummel kennt dieses Gesetz aber gar nicht, denkt nicht darüber nach, ob sie fliegen kann. Sie macht es einfach. Das würde ich auch gern können. Gar nicht erst über etwas nachdenken, von dem ich glaube, dass ich es nicht kann. Projiziere ich das Beispiel mit der Hummel auf mich, frage mich also, was ich theoretisch kann und wie das dann in der Praxis aussehen soll, fallen mir viele Beispiele ein.

Über eines stolpere ich vor allem immer wieder in der Politik: Gelassenheit! Theoretisch bin ich bei diesem Lernfach schon längst bei den Profis angekommen. In der Praxis sieht es allerdings manchmal so aus, als ob ich noch bei den Anfängern sei. Gerade in der Politik. Ich weiß, dass ich Fehler machen werde, aber wenn es irgendwie möglich ist, würde ich diese gern vermeiden. Vor allem weil ich weiß, dass sich die Opposition über meine Fehler freuen würde. In der Theorie klingt das einfacher, als es in der Praxis ist. Um nicht zu sagen, es ist unmöglich, keine Fehler zu machen. Und anstatt in solchen Momenten gelassen an die Situation heranzugehen und dem weisen Rat Professor Freses, meine Fehler ruhig zu betrachten und anzunehmen, zu folgen, lasse ich mir von meinen Emotionen das Zepter aus der Hand nehmen. Mir ist dann anzusehen, dass ich innerlich koche. Das ist immer noch meine größte Schwäche. In der Praxis bin ich einfach keine gute Politikerin. Da liegen noch viele Stunden Ausbildung vor mir, bevor ich wie eine Hummel gedankenlos und unbekümmert einfach losfliege.

»Katja«, sagte Jan ruhig und gelassen, nachdem ich geendet hatte und meinen ganzen Ärger in ein großes Taschentuch blies, »warum engagierst du dich in der Politik?«

»Weil ich, genauso wie andere auch, der Meinung bin, dass wir Veränderung brauchen. Und weil ich mitgestalten möchte«, schniefte ich.

»Eben. Das haben die Leute gemerkt. Und sie trauen dir zu, dass du die Führung übernimmst. Und nu mach!«

Man könnte meinen, dass es einfach ist, in einer und für so eine kleine Gemeinschaft Politik zu machen. Die Praxis zeigt, dass das ein Trugschluss ist. Die Größe einer Gemeinde hat nichts mit der Qualität der Politik oder gar der Politiker zu tun. Es kommt einzig und allein auf die Einstellung derer an, die Politik machen wollen. Und so habe ich mich letztlich dazu entschieden, die Stimmenabgabe der Bürger ernst zu nehmen und sie über meinen persönlichen Wunsch und meine Ängste zu stellen. Ängste vor allem dahingehend, dass ich dem Amt des Bürgermeisters nicht gerecht werden kann. Ängste vor dem zeitlichen Aufwand, den ich nicht zu strukturieren weiß, und davor, niemals einen Einblick in und vor allem Durchblick durch unendlich viele Gesetze, Satzungen, Gremien und Baustellen, im wahrsten Sinne des Wortes, zu bekommen. Ängste auch davor, gerade wachsende vertrauensvolle Beziehungen aufs Spiel zu setzen, weil unterschiedliche politische Meinungen sie vielleicht zu sehr belasten könnten. Das ist ehrlich gesagt meine größte Angst. Verantwortung zu übernehmen, ist immer eine gewichtige Aufgabe, und in einem Mikrokosmos, wie die Hallig einer ist, gibt es häufig noch zusätzliche Hürden. Vor allem die, Politisches und Privates voneinander zu trennen.

Bei einer Sache habe ich mich allerdings grundlegend getäuscht! In der Theorie habe ich niemals damit gerechnet, auch nur im Ansatz zu erfahren, wer mir seine Stimme gegeben hat respektive wer sich mich als Bürgermeisterin wünschen würde. Die Praxis zeigte mir eine Offenheit und Herzlichkeit aus der Bürgerschaft nach meiner Wahl, die mich eines Besseren belehrte und mir Mut für diese wichtige Aufgabe gemacht hat. Ich wünsche mir sehr, dass diese Offenheit bestehen bleibt, denn ich brauche sie.

KAPITEL 11

Erstens kommt es anders, und zweitens als man denkt

Ich war gerade eingeschlafen, da hörte ich es in weiter Ferne klingeln. Zuerst hatte ich keine Ahnung, wo es herkam, es passte so gar nicht zu der Handlung meines Traums – den ich sogleich wieder vergessen hatte. Als ich das Klingeln endlich zuordnen konnte, griff ich schlaftrunken zum Telefon. Es war 1.15 Uhr, und Jan war am anderen Ende der Leitung.

»Bei Sweety sind seit einer Stunde nur die Füße zu sehen, und ich glaube, dass es verkehrt herum liegt«, sagte er.

Was ist los? Ich war noch nicht richtig wach, deshalb musste ich nachfragen.

»Sweety liegt verkehrt herum?«

»Nein! Das Kalb liegt wahrscheinlich verkehrt herum. Seit einer Stunde beobachte ich sie nun, und es sind nur die Füße von dem Kleinen zu sehen. Ich befürchte, es liegt verkehrt herum, und ich habe das Gefühl, dass Sweety das nicht allein schaffen wird.«

Jetzt war ich hellwach!

»Ich komme!« Ich sprang aus dem Bett, zog mich rasch an und lief zum Auto. Zehn Minuten später trafen wir uns an der Fenne unterhalb der Hanswarft, auf Höhe des Feuerwehrgerätehauses. Zum Glück war es eine relativ laue Nacht, und der Mond schien noch ein wenig. Es dauerte nicht mehr lang, dann würde er am Horizont im Westen verschwinden. Noch aber konnten wir schemenhaft die elf Kühe und den Bullen Aron erkennen, die in der Mitte der Fenne ruhten.

Bei Dunkelheit quer durch die Wiesen zu laufen, ist etwas, was ich nur im Notfall mache. Überall können in den Sommermonaten Nester mit Eiern von Austernfischern, Kibitzen oder Säbelschnäblern liegen oder auch Küken versuchen, sich hinter Grasbüscheln zu verstecken. Ein kleines Taschenlampenlicht wies uns den Weg und führte uns an den braun-weißen Damen vorbei, die sichtlich irritiert darüber waren, dass wir ihnen nachts einen Besuch abstatteten. Trotzdem blieben sie liegen und atmeten tief und ruhig schnaufend weiter. Ich liebe dieses Geräusch. Es strahlt so viel Ruhe aus. Aber jetzt war nicht die richtige Zeit, um den Kühen beim Schnaufen zuzuhören, denn jetzt kam es wirklich auf rasches Handeln an. Schnell machten wir Sweety aus, und Jans Befürchtung bestätigte sich. Die junge Kuh war hochtragend und sollte jetzt ihr erstes Kalb bekommen. Sweety – diesen Namen habe ich ihr vor knapp drei Jahren gegeben, als sie auf der Hallig auf die Welt kam – wusste augenscheinlich selbst nicht so wirklich, was mit ihr geschah. Sie war unruhig, ließ aber unsere Anwesenheit geduldig zu. Uns war am Abend zuvor schon aufgefallen, dass ihr Kalb nicht mehr lange auf sich warten lassen würde, die ersten Anzeichen waren deutlich. Sweety war nervös und sonderte sich immer häufiger von den anderen ab, kam wieder zurück, legte sich oft hin. Aus diesem Grund war Jan gegen Mitternacht noch einmal hergefahren, um nach dem Rechten zu gucken. Nach einer Stunde ahnte er, dass es keine normale Geburt werden würde, und leider behielt er mit seiner Vermutung recht. Aber bis zur Geburt sollte es noch gut zwei Stunden dauern.

Es blieb uns nichts anderes übrig, als Sweety ins Hock zu bringen. Das Hock ist ein kleiner, extra eingezäunter Platz beim Zugang einer Fenne, um Tiere dort sammeln zu können. Das ist manchmal nötig, wenn sie zum Beispiel gerade aus dem Transporter ausgestiegen sind, der sie vom Festland auf die Hallig gebracht hat, um den Sommer hier zu verbringen. Die Tiere sind während der Wintermonate in Ställen auf dem Festland und müssen sich erst langsam an das Tageslicht und die neue Umgebung gewöhnen. Dann bleiben sie ein, zwei Stunden im Hock stehen, bis sie ruhig und entspannt sind. Auch wenn ein Tier krank ist und es mehrmals am Tag Pflege benötigt, ist so ein Hock hilfreich. Das Tier steht dann ruhig, häufig mit einer anderen Kuh zusammen, damit keine Nervosität aufkommt. Kühe sind absolute Herdentiere. Nimmt man eine Kuh aus ihrer vertrauten Herde heraus und versucht, sie allein irgendwo unterzubringen, entwickeln Kühe unbeschreibliche Kräfte. Sie reißen sich los, durchbrechen Hartholzzäune und springen über Gräben, um wieder zu ihrer Gruppe zu gelangen.

Wir hatten die Hoffnung, dass Sweety allein im Hock bleiben würde, denn zum einen war sie inzwischen kräftemäßig etwas angeschlagen, und zum anderen waren alle Artgenossinnen in Sichtweite. Ohne Weiteres ließ sie sich in aller

Ruhe von uns in das Hock leiten. Dort angekommen, schlossen wir beide Heckpforten. Wir überlegten, was wir jetzt alles bräuchten, beratschlagten, ob wir Hartwig dazuholen sollten. Auch wenn Not am Mann ist - gern weckt man niemanden mitten in der Nacht. Hartwig hat selbst Tiere, und bei seinen Kühen und Schafen meldet sich derzeit auch fast täglich Nachwuchs an. Die Nächte sind dann kurz. Außerdem ist er Wehrführer unserer hiesigen Feuerwehr, und auch dort findet so mancher Einsatz mitten in der Nacht statt. Daher überlegten wir zweimal, ob wir ihn wirklich anrufen sollten.

Wir hatten die werdende Mutter zwar im Blick, aber was sie vorhatte, wäre uns im Traum nicht eingefallen! Ich stand keinen Meter neben ihr, Jan hinter ihr. Von jetzt auf gleich sprang sie vorne hoch und hing sogleich mit den Vorderbeinen über der obersten Latte des Zauns. Ich schrie auf, aus Angst um das Kalb in ihrem Bauch, aber ehrlich gesagt auch um mich. Sweety erschrak selbst, denn plötzlich hing sie da wie ein nasser Sack, wippte ein wenig nach vorne und nach hinten, die Hinterbeine hingen in der Luft. Ich wusste nicht, was ich tun sollte, hätte ihr eigentlich sofort eins auf die Nase geben sollen, damit sie erst gar nicht über den Zaun ging, aber alles ging so schnell, dass ich gar nicht so schnell an ihre Nase herangekommen wäre. Für einen Moment wusste ich überhaupt nicht, was zu tun war, und schrie Sweety an: »Geh zurück, du blöde Kuh, was machst du da nur?!«

Das war natürlich weder besonders hilfreich noch zielführend. Im nächsten Augenblick war sie über den einen Meter sechzig hohen Zaun vollständig hinübergerutscht und lief zurück zu den anderen. Ich habe keine Ahnung, wessen Schock tiefer saß, meiner oder ihrer. Jan hat ja nun auch schon viel erlebt, aber dass so eine relativ kleine Kuh, hochtragend, mit einer riesigen »Murmel« im Bauch, mal eben über solch ein Hindernis springt, war für ihn auch eine neue Erfahrung.

Also, tief durchatmen und einen zweiten Versuch starten. Allerdings war nach dieser Aktion glasklar, dass wir das nicht noch einmal allein machen würden. Wir brauchten noch einen weiteren Aufpasser, denn jetzt, da die junge Dame wusste, wie es ging, würde sie es womöglich ein zweites Mal versuchen, wenn sie keine Lust auf den Zirkus um sich hätte.

Wir kamen also nicht darum herum, Hartwig aus dem Bett zu holen. Wir versuchten es zumindest. Drei Anrufe brauchte Jan, um Hartwig aus dem Tiefschlaf zu wecken. Als er hörte, was los war, war er innerhalb kürzester Zeit da. Ohne Murren, ohne Wenn und Aber, ein Notfall hat für ihn immer oberste Priorität, egal, zu welcher Tages- und Nachtzeit.

Jetzt zu dritt konnten wir uns endlich der Geburt widmen, die Hartwigs gesammelte Kenntnisse und Erfahrungen erforderte, ebenso absolutes Fingerspitzengefühl. Ich hatte die leichteste Aufgabe. Sweety, gut eine Stunde später wieder im Hock, lag inzwischen auf der Seite, und ich konnte ihren Kopf halten. Zwar war das Tor zwischen uns, aber aufgrund der breiten Abstände der Querstangen lag ihr Kopf halbwegs auf meinem Bein, und ich konnte sie streicheln und ihr gut zureden. Das war für uns beide gut, denn beide mussten wir runterfahren. Meine Nerven lagen blank, und die Schmerzen der werdenden Mutter taten alles Weitere, um die freche Göre schachmatt zu setzen.

Gegen vier Uhr morgens war ihr Kalb endlich da. Ein wunderschöner großer Bulle, der es seiner Mutter sehr schwer gemacht hatte. Und den beiden Männern auch. Alle waren wir sichtlich angeschlagen, hielten aber trotzdem noch lange Wache. Das Kalb schlief, die Mutter stand inzwischen wieder auf ihren Beinen, ein paar Meter abseits, und war noch sichtlich irritiert. Dennoch fing sie langsam an, von dem Heu zu fressen, das wir ihr zwischenzeitlich gebracht hatten. Schließlich sollte sie noch eine Weile mit ihrem Kleinen in Ruhe im Hock bleiben. Jan holte uns Kaffee, und nachdem bei uns allen Entspannung einkehrte, konnten wir die langsam erwachende Hallig genießen. Austernfischer und Möwen hatten sich sowieso die ganze Nacht über etwas zu erzählen, jetzt stimmten allerdings auch die Schwalben und Amseln ihre Morgenmusik an, und die Tauben unternahmen flügelschlagend ihre ersten Runden um die Hanswarft.

In die Stille hinein fragte mich Hartwig, ein echter Halligjunge: »Fragen dich deine Gäste auch manchmal, ob du die Schönheit der Hallig nach so vielen Jahren überhaupt noch siehst?«

»Ja«, gab ich berührt zurück, »das fragen sie, und diese Frage ist für mich tatsächlich mit einem einfachen, aber umfassenden Ja zu beantworten.«

»Mir geht es auch so«, sagte Hartwig zufrieden lächelnd und nahm einen großen Schluck heißen Kaffee. So standen wir drei noch eine Weile schweigend am Zaun, beobachteten Mutter und Kalb, sahen zu, wie die Sterne immer mehr verblassten und das Morgenrot im Osten der Hallig langsam kräftiger wurde. Als es hell wurde, verabschiedeten wir uns, Hartwig fuhr nach Mitteltritt, Jan ging auf die Hanswarft, und ich fuhr zurück zur Ockenswarft, der inzwischen aufgegangenen Sonne entgegen. Ich wollte mich noch ein bisschen hinlegen und den Tag dann ruhig angehen lassen, ein bisschen Garten- und vor allem

Büroarbeit erledigen. Um Viertel vor sechs war ich im Bett, aber um zehn Uhr schon wieder bei Sweety und ihrem Kleinen auf der Fenne. Ich taufte ihn Schorsch – ein frecher bayerischer Name für das Kalb einer frechen Kuhmama.

Die Hoffnung, dass sich beide schnell erholen würden und ich einen ruhigen Tag verbringen könnte, zerschlug sich schnell. Der kleine Mann brauchte intensive Starthilfe. Man sollte meinen, so ein Kalb findet die Bar von ganz allein ... Nicht die männlichen Halbstarken. Aus welchen Gründen auch immer, sie stellen sich ganz schön dusselig an. Aus einer geplanten Stunde Visite wurde ein ganzer Vormittag. Allerdings schaffte ich es, Schorschi den Weg an die Quelle zu zeigen, und endlich bekam er die so wichtige Biestmilch.

Jan und ich beschlossen, den Tierarzt auf die Hallig zu holen, denn zwei Kühe lahmten. Wir konnten nicht erkennen, ob die beiden Kühe sich nur vertreten hatten oder ob es sich um eine Entzündung handelte. Klar war nur, dass es ihnen schlecht ging. Auch wollten wir bei dem Neugeborenen auf Nummer sicher gehen.

Tierarzt Dr. Jens Peters musste von der Nachbarinsel Pellworm geholt werden, das ist die schnellste Möglichkeit. Auf den Halligen ist leider kein Tierarzt ansässig, und so dauert es immer ein Weilchen, bis der Veterinär eintrifft. Die Wetterbedingungen waren optimal, nur auf das Wasser mussten wir warten, denn es war gerade eben erst auflaufendes Wasser. Für eine Bootstour brauchte es noch ein bisschen mehr – Geduld ist eine Tugend auf der Hallig.

So hatte ich zumindest noch Zeit, zu Hause die Wäsche aufzuhängen, die schon seit frühmorgens gewaschen in der Waschmaschine lag, mich kurz mit meinen Gästen bezüglich der am nächsten Tag bevorstehenden Abreise zu besprechen und schnell etwas zu essen. Erfreulicherweise hatte Lisa, meine Nachbarin, etwas mehr gekocht und gab mir eine Portion ab, als sie erfuhr, dass ich unter Zeitdruck stand. Sehr selten hänge ich die Wäsche in so einem Tempo auf wie an diesem Tag. Das machte sie stutzig, und sie fragte, was mich so antreiben würde. So kam ich in den Genuss ihrer selbst gemachten frischen Gnocchi in Butter-Salbei-Soße – natürlich mit Salbei aus dem Garten. Ich war heilfroh und dankbar, denn sonst hätte ich mir wahrscheinlich nur schnell ein Käsebrot gegönnt.

Zurück auf der Fenne unterhalb der Hanswarft griffen wir zu einer List, um alle vierbeinigen Patientinnen bei Ankunft des Arztes schnell ins Hock zu bekommen. Sie lieben frisch gemähtes Gras, und das am liebsten direkt aus dem Anhänger heraus. Während Jan und Hartwig das Motorboot klarmachten, um Jens-Doc, wie wir den Doktor nennen, abzuholen, mähte ich flugs Jans Rasen. Auf Hooge habe ich erfahren, dass manchmal ein Vorname in direktem Zusammenhang mit dem Beruf oder der Warft, auf der jemand wohnt, kombiniert wird. Das hilft vor allem dann, wenn Doppelungen innerhalb der Nachbarschaft auftreten. So wurde aus Dr. Jens Peters einfach nur Jens-Doc.

Nach einer Stunde waren das Warftgrundstück gemäht und der Anhänger halb voll. Ich fuhr die Männer zum Seglerhafen, und die beiden düsten los. Eine Viertelstunde später waren sie bereits am Ziel, sammelten den Tierarzt ein und machten kehrt Richtung Hooge. Wasserstand und Wind waren jetzt günstig, sodass sie regelrecht über die Nordsee flogen.

In der Zwischenzeit brachte ich den Anhänger in Position und bereitete Seile, Eimer mit Wasser und Belohnungs-Leckerlis vor. Dann fuhr ich zum kleinen Anleger am Landsende, wo die drei Männer an Land gingen, und sofort ging es zurück zu den Patientinnen.

Jens-Doc nahm sich Zeit, um die lahmenden Kühe zu untersuchen. Zum Glück hatten sie keine Entzündungen, sondern hatten sich wohl nur vertreten.

»Das wird schon wieder«, sagte er zuversichtlich. Der kleine neugeborene Bulle wurde kurz begutachtet, und Jens-Doc stellte keine Auffälligkeiten fest. Es wäre nicht das erste Mal gewesen, dass er als Retter in der Not hätte handeln müssen, aber diesmal verlief alles reibungslos. Bevor die beiden Männer ihn wieder auf die Insel brachten, gönnten wir uns noch eine Runde frischen Tee. Wusste ich doch von des Tierarztes Vorliebe für frischen Minztee. Minze wächst zuhauf in meinem Garten. Auf dem Weg von meinem Haus zur Anlegestelle hatte ich ein paar Zweige Minze geerntet und in einer Thermoskanne mit heißem Wasser übergossen. Diese Kanne sowie ein paar Tassen kramte ich aus meinem Auto hervor und machte somit vor allem dem Doktor eine Freude. Das Mindeste bei dem Aufwand, den auch er mit einer Visite auf der Hallig hat.

Gegen zehn Uhr abends fiel ich ziemlich ermattet ins Bett. Schon wieder war ein Tag vorbei, der eigentlich ganz anders geplant war. Morgen würde ich mich wirklich um meinen Garten kümmern und um die allmählich auflaufende Büroarbeit.

Doch erstens kommt es anders, und zweitens als man denkt! Am nächsten Vormittag hatte ich keine Ruhe und fuhr zur Hanswarft, um nach Schorschi zu schauen. Dem Kalb ging es nicht gut. Schlapp und dünn stand er da auf seinen kleinen Beinchen und sah mich hilflos an. Das hieß also wieder aktiv werden: Die Mutter wecken, die mit den anderen Kühen faul in der Sonne döste, Kalb an sie ranstellen und helfen, das Euter zu finden. Das klappte alles nur sehr schwerfällig und kostete wieder viel Zeit. Sweety war sich ihrer neuen Aufgabe als Mutter noch nicht bewusst. Die Bindung zwischen ihr und Schorschi war noch nicht gefestigt. So blieb ich und motivierte sie immer wieder, Kontakt mit ihrem Kleinen aufzunehmen.

Ab Mittag kam Jan nach seinem Feierabend dazu. Er arbeitet im Küstenschutz, sein Arbeitsweg ist also nicht sehr lang, mit dem kleinen Motorrad vielleicht vier Minuten. Ich brauchte eine Pause, und wir setzten uns in Jans Küche bei einer Tasse Kaffee zusammen, um zu beratschlagen, wie wir bei der Pflege von Schorschi weiter vorgehen sollten, als Herr Selig, ein Gast, der schon mehrfach auf Hooge und diesmal in Jans Ferienwohnung Urlaub gemacht hatte, mit ziemlich schmerzverzerrter Miene die Küche betrat.

»Was'n los, Herr Selig?«, fragte Jan.

Der ältere Herr hielt sich die linke Schulter und ließ sich ziemlich ermattet auf der Küchenbank nieder.

»Ich weiß nicht recht«, klagte er mit müden Augen, »ich habe seit heute Morgen so starke Schmerzen in der Schulter.« Er sei beim Morgenspaziergang am Sommerdeich gestürzt und auf die Schulter gefallen.

Wir konnten ihm ansehen, wie weh ihm jede Bewegung tat, und Jan beschloss, Christian, den Krankenpfleger, zu rufen. Christian kam und untersuchte den pensionierten Oberstudienrat, soweit es ihm möglich war. Ein Röntgengerät gibt es auf der Hallig nicht, und das wäre in diesem Fall nötig gewesen.

»Ist jemand mit ihm hier?«, fragte Christian uns.

Jan verneinte. »Er kommt immer allein. Er hat, glaube ich, niemanden.«

Christian fand die Vitalwerte des alten Herren ziemlich schwach und murmelte, dass nichts anderes übrig blieb, als den Patienten auf dem schnellsten und sichersten Weg in ein Krankenhaus zu bringen, denn die Vermutung, dass es sich um einen Haarriss im Knochen handelte, lag nahe. Außerdem war Herr Selig in den vergangenen Minuten deutlich blasser und schwächer geworden. Unter diesen Umständen wollte Christian nicht darauf warten, bis das nächste Schiff fahren würde. Die Überfahrt von mehr als einer Stunde konnte er nicht verantworten.

»Herr Selig«, erklärte er dem Senior, »wir werden einen Hubschrauber kommen lassen, der Sie in ein Krankenhaus bringt. Sie müssen genauer untersucht werden.«

Herr Selig nickte stumm und geduldig.

Mir tat der alte Herr leid. Er war auf die Hallig gekommen, um hier Muße und Erholung zu finden, und nun das. Ich nahm seine Hand und lächelte ihm ermutigend zu.

»Sind Sie schon mal mit einem Hubschrauber geflogen, Herr Selig?«, fragte ich.

»Noch nie!« Er sah mich unsicher an.

»Na, sehen Sie, Herr Selig, was Sie hier auf Hooge alles erleben!«, versuchte Jan ihn aufzuheitern. Dann musste er los, denn er ist selbst Mitglied der Freiwilligen Feuerwehr Hallig Hooge, und der ausgelöste Alarm auf dem Pieper galt auch für ihn.

Zu zweit warteten wir auf das Eintreffen des Hubschraubers, da flüsterte Herr Selig mir zu: »Fliegen Sie mit, Katja? Ich könnte einen Schutzengel gebrauchen.«

Ich dachte an meinen Garten, die sich auf meinem Schreibtisch türmende Büroarbeit und an Schorschi, meinen vierbeinigen Patienten, der sich so schwer mit der Nahrungsaufnahme tat. Davon abgesehen hätte ich ihn aber auch gar nicht begleiten dürfen.

»Das geht leider nicht«, flüsterte ich zurück und drückte seine Hand, »aber ich halte Ihnen fest die Daumen!«

Draußen hatten Jan und sein Team von der Freiwilligen Feuerwehr inzwischen den Landeplatz für den Hubschrauber abgesichert, und kurz darauf betrat Ruth die kleine Küche. Beim Anblick der jungen Notärztin mit den großen braunen Augen und dem warmen Lächeln schien sich Herr Selig augenblicklich zu entspannen. Da war sein Schutzengel, und eh er sich versah, hob er auch schon, von Ruth fürsorglich umsorgt, ab in den hellblauen Hallighimmel und geradewegs Richtung Festland in eines der auf diesem Weg schnell zu erreichenden Krankenhäuser in Husum, Niebüll oder Flensburg. Ist die Rettungskette einmal in Gang gesetzt, läuft sie absolut zuverlässig. Sind auf dem Festland unaufmerksame Verkehrsteilnehmer und lange Distanzen unberechenbare Gegner, ist es auf den Inseln und Halligen das Wetter, insbesondere der Nebel. Erfahrene Piloten steuern die Rettungshubschrauber, seefeste Kapitäne die Rettungskreuzer. Das Wetter muss schon sehr schlecht sein, bis die Profis um Geduld bitten. Oder aber sie sind in einem anderen Einsatz. Dann müssen wir warten. Zerreißen können sich selbst die Profis nicht.

Jan und ich schnauften durch und begaben uns, nachdem die Feuerwehr den Einsatz für beendet erklärte und er sich seiner schweren Dienstklamotten entledigt hatte, wieder zurück zur Fenne, um nach unserem kleinen vierbeinigen Patienten zu schauen. Hier erwartete uns endlich eine gute Nachricht. Der kleine Mann stand bei seiner Mutter und trank. Am späten

Nachmittag endlich ein Bild, das uns große Freude bereitete und Erleichterung mit sich brachte. Diesen Anblick genossen wir noch eine Weile, bis ich mich dann schweren Herzens losriss, um mich nun doch noch um meine Aufgaben zu kümmern, die sich inzwischen zu Hause stapelten. So ist das manchmal. Unverhofft kommt oft.

KAPITEL 12

Eine Wattwanderung – Spurensuche

»Treffpunkt am Deichabgang Landsende um elf Uhr« stand im Hooger *Buddelbreef*, dem Informationsblättchen der Hallig.

Langsam, sehr langsam, verzog sich der Regen der Nacht, und das dunkle Grau, das bis vor einer Stunde noch schwer über der Hallig gehangen hatte, löste sich im Zeitlupentempo auf und verfärbte sich allmählich zu einem hellen Blau.

Es war Mitte September und der Herbst inzwischen zu spüren, auch wenn es noch sehr sommerlich aussah. Ich ließ meinen Blick langsam über die Hallig gleiten. Das Land erstrahlte noch in kräftigem Grün, die Kühe standen auf saftigen Wiesen, und es waren immer noch Schwalben zu entdecken, die in weiten Bögen ihre Flugkünste zum Besten gaben und dabei ihre fröhlichen Tonabfolgen hören ließen. Stundenlang kann ich sie dabei beobachten, *meine* Schwalben. Sobald ich sie sehe, geht mir das Herz auf.

Ich löste meinen Blick von den Schwalben, die über mich hinwegflogen und ihre letzten Kreise um die Ockenswarft zogen, und marschierte, eingepackt in mehrere Schichten – Shirt, zwei dünne Jacken und eine Windjacke, Halstuch, eine kurze Hose und Socken –, in Richtung Treffpunkt. Runter von der Warft, rechts ab, die rund zweihundert Meter zur Badestelle Landsende.

Ein paar Menschen hatten sich hier schon versammelt, aber die erforderliche Mindestanzahl von zehn Teilnehmern war noch nicht erreicht. Hoffentlich sagt keiner ab, denn eine zweite Chance bekomme ich in diesem Jahr nicht mehr, dachte ich bei mir. Nach und nach wurde die kleine Gruppe größer, und dann näherte sich auch unsere Hauptperson, Michael, der Wattführer – wie meistens mit dem Fahrrad unterwegs. Auch er war auffällig gekleidet, sofern man nicht wusste, dass das Watt sein Ziel war. Große Holzclogs, die später in seinem Rucksack verschwinden würden, kurze Hose, ein dicker, in fröhlichen Farben gestrickter Pullover über dem Fischerhemd und eine schwarze Baskenmütze auf dem Kopf. Tapfer trat Michael mit seinen langen, trainierten Beinen kräftig in die Pedale des alten Drahtesels, denn er kam von der Backenswarft geradelt und musste über die meiste Strecke gegen den Wind fahren, der leider immer noch nicht eingeschlafen war. Eben dieser Wind sorgte auch dafür, dass das Wasser nur sehr langsam ablief, was eher kontraproduktiv ist, wenn man eine Wattwanderung machen möchte. Und dafür waren wir hier: Wir wollten uns auf die Spuren des sagenumwobenen untergegangenen Ortes Rungholt begeben. Deshalb trug ich auch keine Schuhe, sondern lief auf Socken. Allerdings waren es keine normalen Socken, sondern kurze Strümpfe mit einer beschichteten Sohle, die sich besonders gut als Strandsocken oder eben als Wattwandersocken eignen. Zum Glück hatte ich noch ein Paar in meiner Größe in Bärbels gut sortiertem Lädchen auf der Hanswarft bekommen. Ein Verkaufsschlager! Bei den meisten Wattwanderungen braucht es eigentlich keinen Schutz für die Füße, am allerwenigsten Gummistiefel. Diese sollte man möglichst nicht auf so einer Wanderung tragen, denn sie erschweren jeden einzelnen Schritt, sobald der Untergrund weich und matschig wird, was im Watt selten ausbleibt. Ab und zu durchquert man auch Priele, die auch mal bis zum Knie oder höher gehen, je nach Beinlänge. Auch da empfiehlt es sich, auf Gummistiefel zu verzichten, die nach der Durchquerung eher zur Last werden. Am besten läuft es sich barfuß, vor allem in den Sommermonaten. Wer Sorge hat, sich an Muscheln zu schneiden, oder einfach das Gefühl nicht mag, auf matschigem Boden zu laufen, sollte einfach ein dickes Paar alte Socken anziehen, das nach der Wanderung weggeworfen wird, oder man entscheidet sich eben für Strandsocken, Badeschuhe (Vorsicht: Der feine Sand kann unangenehme Wunden hervorbringen, wenn er zwischen Schuhwand und Riemen auf der Haut reibt) oder für Surferschuhe aus Neopren. Damit hat man das perfekte Schuhwerk für eine Wattwanderung an den Füßen.

Bei einer Wattwanderung läuft man auch über Muscheln, vor allem über viele Austern. Leider sind das keine heimischen Austern mehr, denn die sogenannte Europäische Auster wurde kontinuierlich durch Überfischung dezimiert und seit Anfang des 20. Jahrhunderts durch die Pazifische Auster, die sich vor allem in den stetig ansteigenden Temperaturen der Nordsee wohlfühlt, nach und nach verdrängt. Inzwischen wird diese Auster im Wattenmeer kultiviert, direkt vor den Toren der

Halligen, nämlich vor der Insel Sylt. Von dort aus gelangen immer wieder mal Ausreißer in die große weite Unterwasserwelt und bauen sich zu großen Muschelteppichen auf. Und über die sollte man keineswegs barfuß laufen, denn deren harte und vor allem scharfe Schalen können tiefe und schmerzhafte Schnittwunden hinterlassen. Seit 2017 läuft ein Projekt auf Helgoland, um die Europäische Auster wieder anzusiedeln. Sollte das erfolgreich verlaufen, können wir in rund zehn Jahren hier vielleicht auch wieder der heimischen Auster begegnen.

Ich hatte Glück, die Wattwanderung konnte stattfinden. Genau zehn Personen hatte sich am Landsende eingefunden, und somit konnte die besondere Wanderung über den Meeresgrund beginnen. Nach einer kurzen Einweisung durch Wattführer Michael machten wir uns auf den Weg, den Sommerdeich hinunter, direkt ins Watt. Es war die siebte und gleichzeitig letzte Wanderung des Jahres in Richtung Nachbarinsel, die von der Schutzstation Wattenmeer angeboten und von Michael als Hausleiter persönlich durchgeführt wurde. Der Weg beträgt rund 8,5 Kilometer. Diese Wanderung gilt immer noch als Geheimtipp unter den Wattwanderungen, denn es gibt nur eine einzige von einer Hallig zu einer Insel, nämlich diese von Hallig Hooge zur Insel Pellworm.

Ein paar Schritte nur, und schon waren wir mitten drin im graubraunen Matsch. Am liebsten laufe ich hier barfuß. Schließlich haben wir das als Kinder auch geliebt, und es konnte gar nicht matschig und dreckig genug sein! Hier im Wattenmeer ist es ein Vergnügen für Klein und Groß, und gesund ist es auch noch. Wenn es auch erst einmal ein ungewohntes Gefühl ist, wenn die weiche, schlammige Masse schmatzend zwischen den Zehen hervorquillt. Durch meine Socken schmatzte und quoll allerdings gar nichts. Das Einzige, was passierte, war, dass meine leuchtend rosa besockten Füße schlagartig versanken und ich knöcheltief im Watt stand. Endlich ging es los. Platsch! Platsch! Wasser und Matsche spritzten gleichermaßen. Schnell waren alle Socken und Schuhe richtig eingesaut, und die Stimmung stieg. So muss es sein.

Keine zehn Minuten später standen wir vor einem beeindruckenden Muschelteppich aus unzähligen Austern. So viele riesige Exemplare auf einem Haufen, viele größer als meine Füße, hatte ich noch nie gesehen. Eine Auster kann übrigens bis zu vierzig Jahr alt werden. Es bestand keine Chance, unverletzt über diesen Teppich zu gelangen, sollte man es barfuß wagen wollen. Nachdem alle wieder aufgeschlossen hatten, ging es weiter, über die Austern hinweg. Es gab nicht viele Gelegenheiten, sich umzudrehen und auf die breite Spur zurückzublicken, die wir hinterließen, weil wir zügig laufen mussten. Unzählige Fußstapfen lagen hinter uns, die bald schon wieder vom Wasser verschlungen sein würden. Guckt man über diese Spuren hinweg, sieht man dort, wo das flache Wasser über den Wattboden fließt, wunderbare Wolkenspiegelungen und ab und zu auch mal ein Glitzern, je nachdem, wie das Sonnenlicht hineinfällt.

Der optisch immer länger werdende Streifen mit den Erhebungen darauf – Hooge, mit den zehn Warften – lag inzwischen einige Kilometer hinter uns. Es blieb nicht viel Zeit, den Anblick zu genießen, denn das Zeitfenster ist auf diesen Wanderungen relativ kurz. Ein erfahrener Wattführer wie Michael weiß um die Tücken des Watts und um die Gefahren, die zu ausgeprägtes Trödeln bei diesen Touren nach sich ziehen können. Zwar waren wir zwei Stunden vor Niedrigwasser losgelaufen, aber einige Priele laufen nie ganz leer. Dort steht das

Wasser, und sobald die Flut wieder einsetzt, erhöht sich der Wasserstand in ihnen extrem schnell. Das macht das Wattenmeer so tückisch und unberechenbar. Und da gerade auf dieser Strecke breite Priele verlaufen, sind ein strammes Tempo und ein vorgegebener Kurs das höchste Gebot.

Zunächst liefen wir direkt auf die kleine Hallig Gröde, die kleinste politische Gemeinde Deutschlands, zu, die am Horizont auftauchte. Inzwischen war das Watt unter unseren Füßen wieder etwas fester, und es lief sich wie auf einem Waldboden. Je nach Strömung verändert sich die Festigkeit des Watts. Hier und da waren jetzt die kleinen Häufchen zu sehen, die die Wattwürmer, unverzichtbare Bewohner des einzigartigen Ökosystems, hinterlassen, nachdem sie den Boden an dieser Stelle einmal »gefiltert« haben. Man sagt, dass pro Quadratmeter bis zu vierzig Würmer vorkommen und alle Wattwürmer zusammen einmal im Jahr den obersten Teil des Sandbodens fressen, filtern und verwerten. Auf einer der vielen Wattexkursionen, die regelmäßig von der Schutzstation Wattenmeer angeboten werden, kann man das und noch viel Interessantes mehr erfahren. Es ist großartig, was sich alles am und im Meeresboden tummelt, wer dort welche Aufgabe hat und was für unvorstellbare Leistungen diese Kleinstlebewesen vollbringen. Hier leben nicht nur die zwanzig bis vierzig Zentimeter langen Wattwürmer, die man so gut wie gar nicht zu Gesicht bekommt, es sei denn man buddelt sie aus. Auch Krebse, Krabben, Muscheln, Schnecken und sogar Insekten tummeln sich hier, von Vögeln, Seehunden und Kegelrobben gar nicht erst zu sprechen. Eine Wattexkursion ist ein absolutes Muss für alle, die zum ersten Mal Urlaub am Wattenmeer machen! Für diejenigen, die zum ersten Mal eine Wattwanderung machen, wird auch das eine Neuigkeit sein: Bäume mitten im Niemandsland?! Tatsächlich stehen hier in regelmäßigen Abständen junge Birken, und es sieht auf den ersten Blick so aus, als ob es sich um eine Baumschule handeln würde. Manch Kapitän erzählt während einer Schifffahrt, dass Seehunde an diesen Bäumen die Hinterflosse heben, um ihr Revier zu markieren. Seemannsgarn natürlich. Eine lustige Vorstellung, mehr aber auch nicht. Hier handelt es sich um Bäume, die das Fahrwasser markieren. Sie bilden eine Art Allee, durch die die Schiffe meistens auch bei einem geringen Wasserstand sicher passieren können.

Und vor so einer »Baumstraße« standen wir nun, denn wir waren an dem sogenannten Rummelloch angekommen. Dieser Priel ist stellenweise bis zu fünf Meter tief und dient unter anderem als Seeweg zwischen Pellworm und Hooge. Hier mussten wir nun durch. Obwohl wir fast Ebbe hatten, also den tiefsten Wasserstand während der Zeit, in der das Wasser rund sechs Stunden lang abläuft, lief ziemlich viel Wasser durch diesen Priel. Und das ganz schön flott. Die Strömung in so einem Priel ist nicht zu unterschätzen. Ein unbedachter Schritt, und das Gleichgewicht ist schnell verloren. Daher kann es gar nicht oft genug gesagt werden: Das Wattenmeer ist nicht zu unterschätzen, und man sollte es niemals allein betreten. Mal abgesehen davon, dass es auch Bereiche gibt, sogenannte Schutzzonen, die Fremde gar nicht betreten dürfen. Vor allem nicht ohne fachkundige Begleitung. Daher war es auch selbstverständlich und absolut kein Problem, dass wir hinter unserem erfahrenen Wattführer herliefen, auch wenn das Wasser bei dem einen oder anderen schon über den Knien stand. Wir kamen sicher auf der anderen Seite an. Das Rummelloch hatte ich bis dahin noch nie durchquert – eine beeindruckende Erfahrung! Was ist das nur für eine wundersame und einzigartige Landschaft, das Nordfriesische Wattenmeer, schmunzelte ich glücklich vor mich hin. Es sieht manchmal so einfach und leblos aus, dabei ist es alles andere als das. Hier tobt das Leben! Man muss es nur sehen. Sehen können und vor allem sehen wollen.

Weiter führte uns der Weg über vormals besiedeltes Land. Das sagenumwobene Gebiet Rungholt soll in unmittelbarer Nähe gelegen haben, das »Atlantis der Nordsee«, wie es auch genannt wird. Der Legende zufolge eine reiche Handelsstadt, die während einer schlimmen Sturmflut, der Groten Mandränke, im Jahr 1362 untergegangen sein soll. Zahlreiche Mythen ranken sich um Rungholt. Der Untergang soll eine Strafe Gottes für die Prunksucht und Maßlosigkeit der Bewohner gewesen sein.

Pellworm ist »nur« ein Überbleibsel einer einmal viel größeren Insel. Ihr Name war Strand, die wiederum einmal dem Gebiet von Rungholt zugehörig war, bevor sie 1634 zerbrach. Auch die Halbinsel Nordstrand und die jüngste der Halligen, Nordstrandischmoor, waren einmal Teil von Strand. So kommt es immer wieder mal vor, dass das Watt Schätze aus alten Zeiten freigibt. Manchmal in Form von Tonscherben, Brunnenringen, Tierknochen von alten Nutztierrassen oder auch von größeren Funden, wie zum Beispiel Siedlungsanlagen.

Von alldem fanden wir bei unserer Wattwanderung nichts. Dafür aber etwas anderes: Anfang des 20. Jahrhunderts wurde auf Hallig Hooge mit dem Deichbau begonnen. Um die zentnerschweren Steine über die Hallig transportieren zu können, wurden für die Zeit des Baus Gleise verlegt, auf denen Loren zum Einsatz kamen, kleine Eisenwaggons, wie sie auch im

Bergbau verwendet werden. Auch als in den 1960er-Jahren die Westerwarft gebaut wurde, gab es noch ein paar dieser Loren, von denen jetzt eine direkt vor uns im Wattboden auftauchte. Natürlich nicht mehr einsatzfähig, und man musste auch zwei-, wenn nicht sogar dreimal hingucken, um zu erkennen, um was es sich bei diesem rostigen Gestell handelte. Die untere Hälfte im Matsch eingeschlossen, ragte die obere, offene Seite uns in Schieflage entgegen. Sie muss wohl während eines heftigen Sturms sprichwörtlich vom Wege abgekommen und verlorengegangen sein. Jetzt stellt sie einen Schatz dar, der in unregelmäßigen Abständen immer wieder mal aus dem Boden auftaucht, aber auch ebenso wieder verschwindet. Und mit ihr die wahre Geschichte, die sich hinter diesem Gefährt versteckt. Ein kleines eisernes Kulturgut bewahrt einen Teil der Halliggeschichte.

Inzwischen hatten wir einen weiten Bogen geschlagen, Hallig Gröde lag links hinter uns, und wir steuerten direkt auf die Insel Pellworm zu. Noch hatten wir es aber nicht geschafft. Eine echte Herausforderung stand uns noch bevor, denn die letzte Etappe wurde richtig matschig. Wir waren an der tiefsten Stelle des Wattbodens zwischen Hooge und Pellworm angekommen. Der Höhenunterschied war mir vorher auch noch nie bewusst gewesen. Auch da erschließt sich wieder der Wortstamm, der sich im Namen Hooges verbirgt: Hooge, die hohe Hallig. Eben weil sie vergleichsweise hoch liegt. Was man doch so alles auf einer Wanderung über den Meeresboden erfahren kann. Ich war wirklich beeindruckt von dieser besonderen Tour.

Schließlich ging es wieder hinauf, fast unmerklich, und vor allem war das auch sofort wieder vergessen, denn nicht die Höhe machte uns zu schaffen, sondern die Beschaffenheit des Bodens. Plötzlich war er ganz weich, und wir sanken von jetzt auf gleich tief ein. Teilweise bis zum Knie. Michael mahnte uns, bloß nicht das Gleichgewicht zu verlieren und bloß nicht stehen zu bleiben! So in etwa muss es sich in einem Moor anfühlen. Allerdings waren wir in keinem Moment in wirklicher Gefahr. Manch einer kam ziemlich ins Straucheln, aber zum Glück passierte niemandem das Unangenehmste, was einem auf einer Wattwanderung passieren kann: Gesicht voraus in den Matsch. Diese Vorstellung ist schrecklich und lustig zugleich – wenn auch für den einen mehr und für den anderen weniger. Aber alle kamen wir sicher durch diese letzte Etappe, die es im wahrsten Sinne des Wortes in sich hatte.

Und noch einmal tat sich ein Kulturschatz auf, denn ganz deutlich lag ein Teil einer künstlichen Anlage vor uns, wenn auch aus längst vergangenen Tagen. Hier wurde einmal Torf gestochen. Um ganz genau zu sein, sprechen wir hier von Salztorf. Tatsächlich wurde durch ein aufwendiges Verfahren Salz gewonnen, was damals gleich zwei existenzielle Hintergründe hatte: Mit Salz wurde gehandelt, und Salz wurde benötigt, um Lebensmittel zu konservieren. Man sprach von dem »Weißen Gold der Friesen«. Vorrangig war der Torf allerdings begehrtes Brennmaterial, das neben den Ditten (Heizmaterial aus getrocknetem Kuhmist) verwendet wurde. Der nach und nach gewaltige Abbau auf den Wattenflächen hatte letztlich sogar eine Absenkung des Landes zur Folge, was wiederum sicher auch Anteil am Untergangs Rungholts hatte.

Die letzten Meter zur Insel liefen wir noch einmal durch ein seichtes Rinnsal, in dem wir den gröbsten Schlamm von den Beinen abwaschen konnten. Vom hartnäckigen Rest entledigten wir uns an der Dusche an der Badestelle. Wobei die Spuren des Watts ohne Seife und Bürste noch eine ganze Weile zu sehen sind. Die schwarzen Ränder an den Zehennägeln sind ein wahrlich natürliches Indiz. Nun kamen die Schuhe zum Einsatz, die ich bisher im Rucksack auf dem Rücken getragen hatte, denn es lag noch ein weiterer Marsch vor uns. Wer wollte, lief auf dem Gründeich, ich entschied mich für den gepflasterten Weg, denn Schafe hatten sich auf dem Gras des Deiches für ein Verdauungspäuschen niedergelassen, und ich wollte sie keinesfalls hochscheuchen. Zu meiner Rechten ging der Blick über das Watt bis zur Hallig Hooge, von wo aus wir gut drei Stunden zuvor gestartet waren. Deutlich war bereits zu sehen, dass der Weg, den wir gelaufen waren, inzwischen schon wieder vom Wasser verschlungen wurde. Die Flut hatte eingesetzt.

Zu meiner Linken erhob sich stetig der hohe Deich, der die Insel komplett umschließt und vor dem Blanken Hans schützt. Ein Teil der alten Mühle lugte hervor, ein anderes Mal ein Hausdach, mehr war von unten aus nicht zu sehen. Wäre ich oben auf dem Deich gelaufen, hätte ich einen weiten Blick über die Insel gehabt. Ich gönnte den Schafen aber ihr Schläfchen. Die Gruppe hatte sich aufgelöst, jeder lief die gute halbe Stunde bis zur Anlegestelle »Hooger Fähre« für sich. Dort wartete die kleine »MS Gebrüder« auf uns, das Boot, das von zwei erfahrenen Kapitänen, einem hiesigen Brüderpaar, gesteuert wird. Mit ein paar weiteren Gästen, die auf das gemütliche Holzboot stiegen, ging es zurück nach Hooge. Inzwischen hatten wir wieder einen sehr hohen Wasserstand, sodass es sogar mir schwerfiel, mir vorzustellen, dass wir hier, wo inzwischen überall Wasser war, eben noch gelaufen waren. Fast schwarz wirkte das Nordseewasser an diesem Tag, es war leicht kabbelige See, und kleine Schaumkronen bildeten sich. Beinahe bedrohlich sieht die Nordsee in diesen Momenten aus.

Meine Gedanken schweiften wieder nach dem alten Rungholt ab. So mag sich der Sturm damals vielleicht aufgebaut haben. Der Wind frischt auf, und trotz der Sonne, die immer wieder durch die Wolken scheint, fröstelt es einen. Irgendwas liegt in der Luft. Auf Rungholt wurde die Gefahr damals vielleicht unterschätzt. War man soeben noch im Watt und hat Torf gestochen, braute sich kurz darauf ein Sturm zusammen. Nichts Ungewöhnliches an der Küste. Aber dann kam es anders ...

Heute helfen Wettervorhersagen und Tidenkalender, meist zuverlässige Vorhersagen zu machen. Zum Glück passieren nur noch selten dramatische Unfälle. Es sei denn, man ist leichtsinnig unterwegs, unterschätzt das Meer, insbesondere das Wattenmeer, und fordert somit die Natur heraus. Und letztendlich auch die Rettungskräfte, die schon manch einen aus brenzligen Situationen befreit haben. Weil man halt meinte, »alles im Blick zu haben, weil das Wasser ja nur von einer Seite kommen kann«, etc. etc. Das klappt nicht! Im Hallenbad natürlich schon, aber nicht im Wattenmeer. Niemals sollte man dieses unterschätzen oder gar die eigenen Kräfte (und Sinne) überschätzen. Wer eine Wanderung über den Meeresgrund genießen möchte, muss sich Profis anschließen, und das sind nun mal die hiesigen Wattführerinnen und Wattführer. Diese machen eine hervorragende Arbeit, denn sie kennen sich nicht nur aus, sondern klären auch auf. Und erzählen ganz nebenbei auch noch wunderbare Geschichten. Ob wahre oder Seemannsgarn, das wird manchmal ein Geheimnis bleiben. Aber auch das gehört dazu, denn das Wattenmeer hütet ja selbst noch so einige Geheimnisse. Manches gibt es irgendwann mal frei, und manches behält es auch für immer.

KAPITEL 13

Der Butenböter zieht bei mir ein

Ich war aufgeregt wie ein kleines Kind zu Weihnachten. Ein lang ersehnter Traum sollte sich erfüllen, denn ich hatte meinen ganz persönlichen Schatz gefunden. Nicht direkt gefunden. Vielmehr wurden wir zusammengeführt. Schon lange hatte ich immer wieder nach einem Butenböter Ausschau gehalten, der in keiner guten friesischen Stube fehlen darf. Nur bislang war ich nicht fündig geworden, oder besser, es hatte sich keine Gelegenheit geboten. Und eigentlich schlug mein Herz sowieso nur für den einen! Für den, der früher einmal seinen festen Platz in meinem Haus gehabt hatte. Die Vorbesitzer meines Hauses hatten ihn bei ihrem Auszug mitgenommen. Aber es gibt ihn noch, und funktionsfähig ist er wohl auch noch, aber den Preis, für den man ihn mir zum Kauf angeboten hatte, hätte ich niemals zahlen können.

Der Butenböter ist landläufig eher unter dem Namen Bilegger oder hochdeutsch als Beilegerofen bekannt. Diese

Öfen werden vor allem Bauernhäusern in Norddeutschland zugeschrieben und ins 16. Jahrhundert datiert, damals allerdings noch als gemauerte Bilegger. Später wurden sie aus Gusseisen hergestellt. Sie standen mit der offenen Rückseite an der Wand, an deren Rückseite sich die Küche befand, in früheren Zeiten eine große offene Feuerstelle mit einem hohen Schornstein. In der Küche wurde gekocht und gebacken und von dort aus auch der Bilegger gespeist. In der Wand zwischen Küche und Bilegger war ein Loch, durch das das Brennmaterial in den gusseisernen Ofen geschoben wurde, der in dem anderen Raum, in meinem Fall in der Döns, stand.

In Hooges Vergangenheit waren es häufig sogenannte Ditten, die als Brennmaterial dienten. Ditten wurden früher auf den Halligen in einem sehr aufwendigen Verwahren aus Kuhdung gewonnen. Gesammelter Kuhmist wurde über den Warfthang zum Trocknen ausgebreitet und festgestampft. Nach der ersten Trocknungszeit wurden handliche Fladen herausgestochen und gewendet. Auch diese Seite musste durchtrocknen, und danach schichtete man die Platten senkrecht, um sie nach weiteren Wendevorgängen vollends trocken zu bekommen. Im Anschluss wurden sie im Haus gelagert und dienten dort als gutes und geruchsfreies Heizmaterial, denn Holz war auf den Halligen immer schon rar gewesen.

Die Wände des Ofens, gusseiserne Platten, erwärmten sich so sehr, dass sie die Wärme nach und nach abgaben und bis zu zwei Räume erwärmen konnten, nämlich Döns und Pesel, die beiden besonderen Räume in einer alten Halligkate. Durch eine zweite Öffnung in der Wand konnte der Rauch durch den Schornstein abziehen. So blieben das Wohnzimmer, die Döns, und die gute Stube, der Pesel, rauchfrei.

Das besondere an diesen Platten sind die Verzierungen, die die Öfen teils zu Unikaten machten. Häufig handelt es sich um biblische Motive. Darüber hinaus fallen die Messingknöpfe auf, die manchen Bilegger schmücken. Aber sie sind nicht nur Schmuck, sondern dienen auch als Handwärmer. Dafür musste man die schweren, glänzenden Knöpfe nur abschrauben. So wärmte der Butenböter also tatsächlich Raum und Körper und erfüllte darüber hinaus noch einen weiteren Zweck. Der Ofen wurde damals auch als Heizplatte für Tee oder Kaffee genutzt. Dafür wurde die Kanne oben drauf gestellt und mit einer sogenannte Stulp abgedeckt. Diese ebenfalls aus Messing geformte Halbglocke hat alles warmgehalten.

Des Butenböters Platz in meiner Döns blieb also lange leer, die Rückseite der Wand, die zur alten Küche gehörte, blieb kahl und weiß. Bis ich dort vor ein paar Jahren einen alten westfriesischen Schrank aufstellte, der farblich perfekt in die gemütliche, in einem warmen Petrol gehaltene Stube passte. Diesen in dunklen Grün- und Brauntönen bemalten Schrank habe ich liebgewonnen, auch wenn er ein bisschen zu groß für die recht kleine Döns ist. Er diente einmal als Hochzeitsschrank. Meine Eltern haben ihn in einem Antiquitätengeschäft in München gefunden. Wie er dorthin gelangte, ist leider nicht bekannt. Heute hütet er mein Geschirr. Dennoch konnte er mich nie wirklich darüber hinwegtrösten, dass an dieser Stelle kein Butenböter steht. Der ein oder andere aus meinem Freundeskreis wusste von dieser Sehnsucht und hielt ebenfalls die Augen offen. Und wie es der Zufall will: Das Gute liegt oft ganz nah. Im wahrsten Sinne des Wortes.

Alex, ein guter Freund von mir, plante seinen Umzug. Er war auf der Hallig aufgewachsen, und wir kannten uns schon eine ganze Weile. Er wollte die Hallig verlassen. Eines Nachmittags stand er bei mir in der Küche und sagte: »Ich miste gerade meinen Keller aus, und du wirst nicht glauben, was ich dort gefunden habe!«

Meine Neugierde war natürlich sofort geweckt, denn mir ist klar, dass in den wenigen Kellern, die es auf der Hallig gibt, viele vergessene Schätze schlummern müssen.

»Na was? Raus mit der Sprache«, erwiderte ich gespannt.

Er drehte sich weg, ging in die Döns und betrachtete den Hochzeitsschrank von oben bis unten, von links nach rechts. »Der muss wohl einen neuen Platz finden«, sagte er.

Bitte?!

»Ich habe das, was du dir schon lange wünschst. In meinem Keller steht ein alter Butenböter«, grinste Alex breit.

Ich guckte ihn schweigend an, fand keine Worte, wusste nicht, ob er das ernst meinte, was er mir gerade offenbarte.

»Wirklich?«, war das Einzige, was über meine Lippen kam.

»Jep! Ich weiß nicht, wie alt und in was für einem Zustand er ist, denn er ist auseinandergebaut. Das gute Stück muss seit mindestens vierzig Jahren im Keller stehen. Ich habe ihn entdeckt, als ich einen alten Schrank zerlegt habe, den ich mit auf das Festland nehmen möchte.«

Mit auf das Festland? Seit vierzig Jahren im Keller? Meine Gedanken überschlugen sich. Dass Alex wegziehen würde, kam mir in diesem Moment völlig zweitrangig vor, der gefundene Schatz hatte sich in meinem Kopf breitgemacht, da war kein Platz für anderes.

»Möchtest du ihn haben?«, fragte Alex.

»Ob ich ihn haben möchte? Was für eine Frage! Selbstverständlich möchte ich den Butenböter haben, was glaubst du denn?! Der darf die Hallig doch nicht verlassen, und vor allem muss er sofort aus dem Keller raus!«, entfuhr es mir, denn inzwischen raste mein Herz vor Aufregung. Zu diesem Zeitpunkt hatte ich noch keine Vorstellung davon, in was für einem Zustand dieser Schatz war.

Eine Stunde später stand ich ihm in Alex' Keller gegenüber, und das Herzrasen war schlagartig vorbei. Das Gegenteil war der Fall, das Herz blieb mir fast stehen. Der Butenböter war in einem erbärmlichen Zustand. In seine fünf Einzelteile zerlegt, kauerte er verstaubt und verloren in einer hinteren Ecke des düsteren Kellers. Bestimmt über vierzig Jahre im Keller – die Spuren waren nicht zu übersehen: rostig, abgebrochene Kanten, die Motive an den beiden Seitenwänden und an der Frontseite waren selbst mit Fantasie nicht zu erkennen, die Farbe größtenteils abgeplatzt und von dem geschmiedeten Untergestell keine Spur. Unglaublich, dass der große Teil des Frontportals aus Holz die feuchte Lagerung einigermaßen unbeschadet überstanden hatte. Der Anblick tat mir in der Seele weh. Das, was mir hier gegenüberstand, glich einem Haufen Eisen aus längst vergessenen Zeiten, der kurz davor war, sich in grobes Pulver aufzulösen. Von einem großen, stolzen Butenböter, der die Kälte vertreiben und für Behaglichkeit im ganzen Haus sorgen kann, keine Spur.

»Schwer vorstellbar, dass daraus mal wieder ein anschauliches Stück werden soll«, murmelte ich vor mich hin, während mein Blick immer noch fassungslos auf den Einzelteilen ruhte. Vorsichtig schleppten wir gemeinsam die schweren Platten durch den Flur zu meinem Auto, das ich direkt vor der Türe geparkt hatte. Um ein ganzes Stück tiefergelegt fuhr ich bereits am nächsten Tag mit meinem Schatz im Kofferraum zu einem

Freund aufs Festland. Ich hatte Andreas bereits telefonisch von dem Fund erzählt, und er organisierte sofort die Butenböter-Rettungskette. Er selbst bastelt gern in seiner Freizeit, hat Erfahrung mit alten Möbeln, und vor allem hat er einen großen Bekanntenkreis. Irgendjemand aus seinem Netzwerk kennt zur Not immer jemanden, der weiterhelfen kann, wenn er keine eigene Lösung auf Lager hat.

»Lass mich mal machen«, sagte Andreas fröhlich grinsend, als ich ihm meinen Schatz übergab. In seiner großen Garage fielen die fünf Platten, die wir in richtiger Anordnung auf den Boden gelegt hatten, gar nicht mehr wirklich auf. Klein und leicht wirkten sie, aber der Schein trog.

Ein halbes Jahr sollte sich Andreas ruhig Zeit lassen, denn vorher würde ich nicht dazu kommen, im Haus alles vorzubereiten. Der Hochzeitsschrank musste einen neuen Platz finden, die Döns gestrichen und ein Tischler gefunden werden, der dem Bilegger »den richtigen Rahmen« geben sollte. Und so wurde das Projekt »Katjas Butenböter« in Gang gesetzt, an dem gleich mehrere Freunde beteiligt waren. Während Andreas auf dem Festland jemanden gefunden hatte, der das Reinigen der Platten mit Trockeneis durchführen konnte, und er sich mit Skalpell und Pinsel an die Schnitzereien an den Holzfüßen machte, lernte ich durch einen anderen Freund den besten Tischler kennen, der sich meiner Döns hätte annehmen können. Claus und Thommy kamen für ein paar Tage aus Hamburg nach Hooge gefahren und bereiteten alles vor. Der Lieferwagen von Thommy war bis unters Dach beladen, und dann wurde gemessen, gesägt, gebohrt, geschraubt, gemacht und getan. Und auch viel gelacht. Der leere Raum erwachte langsam, aber sicher wieder in neuem Glanz. Über den beiden

Fenstern verläuft jetzt ein Bord über drei Wände hinweg, auf dem viele Bücher und ein paar alte Dekorationsstücke Platz gefunden haben. Auf der gegenüberliegenden Seite, auf der vorher der Hochzeitsschrank stand, sind zwei schmale Regale mit Türen entstanden. Zwischen diesen beiden eine Lücke von gut einem Meter. Oben werden die beiden Regale mit einem weiteren Schrank verbunden. So ist viel Stauraum entstanden, den ich für mein Geschirr benötige, das ja vorher im Hochzeitsschrank war. Dieser ist in mein Büro umgezogen und stellt nun Stauraum für Arbeitsmaterial dar. Und die Döns hat nun eine maßgeschneiderte Schrankwand bekommen, die die kleine Stube nicht mehr erdrückt, sondern ergänzt.

Als alles gestrichen und befestigt war, konnte ich Andreas anrufen und ihm versichern, dass auf Hooge alles vorbereitet sei.

»Ihr könnt wieder nach Hooge kommen, wir sind fertig und warten auf euch beide!«, beteuerte ich erwartungsfroh und konnte es kaum erwarten, den restaurierten Butenböter in meinem Haus willkommen zu heißen.

Endlich war es so weit. Der Butenböter zog bei mir ein. Nach und nach holte Andreas ein Teil nach dem anderen, dick in Decken eingehüllt, aus dem Auto, mit dem er auf die Hallig gekommen war.

»Du darfst erst gucken, wenn er steht!«, sagte er bestimmt, als ich auf dem Weg in die Döns war, und schon machten mir die Jungs die Türe vor der Nase zu.

»War ja klar, dass ihr zusammenhalten würdet«, raunte ich durch die Türe. Dabei hatten die drei sich gerade zum ersten Mal getroffen. Sie machten es wirklich sehr spannend! Ich hörte Getöse, Geschnaufe, Gelächter aus meiner Döns, wagte es aber nicht, Einlass zu begehren. Ich zog mich in mein Büro zurück und räumte dort weiter den Schrank ein, um auch in diesen Raum langsam, aber sicher wieder Ordnung zu bringen.

Für eine Weile war ich in diese Arbeit vertieft und ließ meinen Gedanken freien Lauf. Sehnsüchtig dachte ich an meinen Freund Alex, der mir diesen Schatz beschert hatte. Vor einem halben Jahr erst hatte er mir von dem Fund in seinem Keller berichtet und den Butenböter übergeben. Und keine sechs Monate später konnte er schon nicht mehr miterleben, wie der seelenlose Haufen Eisen aus seinem Keller in meinem Haus zu neuem Leben erwachte. Alex verließ die Hallig, und kurz darauf starb er. Ich weiß nicht, ob er es wusste, weiß nicht, ob er alles geplant hatte. Ich weiß nur, dass ich durch diesen Butenböter eine Erinnerung an eine besondere Freundschaft habe. Schön und traurig zugleich. Aber so ist es manchmal. Zeiten ändern sich. Und trotzdem muss es weitergehen.

Nach einer gefühlten halben Ewigkeit öffnete sich die Türe zur Döns wieder, und Andreas' fröhliche Stimme riss mich aus meinen Gedanken. Drei strahlende Gesichter blickten mir erwartungsvoll entgegen. Ich trat über die knarrende Türschwelle in die Döns, und da stand er, mein neuer alter Butenböter. So, wie ein Butenböter dastehen soll: tiefschwarz, mit glänzenden Messingknöpfen, irgendwie anmutig und stolz! Ein traumschöner Bilegger stand dort in meinem Haus, als ob er schon immer dorthin gehört hätte. Alles passte, als ob es nie anders gewesen wäre. Ich konnte mich daran gar nicht sattsehen. Nacheinander fiel ich den Jungs um den Hals und dankte ihnen für ihren Einsatz. Jeder hat dazu beigetragen, dass aus der Döns eine gemütliche und einladende Stube geworden ist. Und das Herzstück hat in ihr sein neues Zuhause gefunden.

Wir betrachteten und fotografierten den Butenböter von allen Seiten. Jetzt brauchte es keine Fantasie mehr, um zu erkennen, welche Motive auf den Platten eingearbeitet und was für wunderbare Schnitzereien auf dem hölzernen Bogen, der die Vorderbeine verbindet, zu sehen sind. Dieser wunderbare Beilegerofen stammt aus der Zeit um 1846 und zeigt auf der Frontseite eine Darstellung von der Ausgießung des Heiligen Geistes in Gestalt der Taube. Ein Räuchergefäß an drei Ketten ist dort zu sehen, welches Weihevolles, Reinheit und Gesundheit symbolisiert. Auf den beiden Seitenwänden ist jeweils das gleiche Bild zu sehen. Eine männliche Gestalt mit großen Flügeln, seine Männlichkeit von einem Hauch eines Schals bedeckt. Mit der rechten Hand scheint er in eine Art Schale zu greifen, die auf einem viereckigen, hüfthohen Podest steht. In der linken Hand, die er nach hinten oben streckt, hält er etwas fest.

Inzwischen weiß ich, um wen es sich bei diesem athletischen Mann handelt. Es ist doch gut, wenn man auch Künstler zu seinem Freundeskreis zählen kann, die einem immer wieder Nachhilfeunterricht geben können. Durch Ben Kamili, den Maler, der im Rahmen seines Kunstprojektes »Norddeutsche Insellandschaften« den Weg in meine Halligkate gefunden und der mich inzwischen schon mehrfach auf der Hallig besucht hat, habe ich erfahren, dass es sich hierbei um keinen Geringeren als Amor höchstpersönlich handelt. In der römischen Mythologie heißt es, dass man ihm nicht widerstehen kann. Mit einem Blick auf meinen Bilegger gerichtet, kann ich das sehr gut nachvollziehen. Amor, der in das Feuer der ewigen Liebe Öl gießt, um die Flamme zu nähren, ist für mich ein Anblick, dem ich mich gern hingebe. In dem anderen Arm hält Amor das Füllhorn der

Fruchtbarkeit. In neuem Glanz erstrahlt die Ranke, die sich über das hölzerne Frontpodest zwischen den beiden geraden Holzfüßen windet. Jede einzelne Blüte und jedes Blatt sind deutlich zu sehen. Ein Kunstwerk ist der Butenböter geworden - nur funktionsfähig ist er leider nicht. Das wäre wohl möglich gewesen, auch weil das ursprüngliche Loch in der Wand noch vorhanden ist, dann hätte die Restaurierung aber wesentlich mehr gekostet. Und ich hätte auf das Regal verzichten müssen, das dem Beilegerofen nun einen Rahmen gibt, denn das hätte mir kein Schornsteinfeger genehmigt. Das tut dem Ganzen aber keinen Abbruch.

Wir standen noch eine ganze Weile in der Döns und bestaunten das Ergebnis, das hier gemeinsam geschaffen wurde, bis ein knurrender Magen uns aus der Schwärmerei riss. Keiner von uns kann mit Sicherheit sagen, wessen Magen es war, denn plötzlich empfand jeder von uns ein Hungergefühl. Das Frühstück war schon eine ganze Weile her, seitdem wurde nur noch gearbeitet. Ich fand, dass ein gutes Essen das Mindeste war, was ich der Truppe, die meinen Butenböter in aller Pracht zu neuem Leben erweckt hatte, bieten konnte.

»Als ich gestern bei den Kühen war, ist mir eine Stelle auf der Fenne aufgefallen, an der dieses Jahr sehr viel Queller gewachsen ist. Was haltet ihr von Spaghetti mit Queller?«, fragte ich in die Runde. »Das wird dann wohl auch der letzte dieser Saison sein. Ein paar Knerken zum Nachtisch hätte ich auch noch, die habe ich letzte Woche gebacken.«

»Queller, Knerken?« Thommy schaute die anderen Jungs verunsichert an, Andreas hob nur ratlos die Schultern.

»Wenn ich jetzt sage, dass es sich hierbei um Kekse oder besser um Halliggebäck handelt, seid ihr auch nicht schlauer.

Sie werden typischerweise zu Kaffee oder Tee gereicht. Manch einer tunkt sie gern erst in ein heißes Getränk, bevor sie dann schnell auf der Zunge zergehen. Eigentlich zeichnen sie sich durch ihre Haltbarkeit aus, daher liegt es auf der Hand, dass sie eher hart gebacken sind, und das überwiegend aus Mehl, Zucker und Butter. Auf den Halligen hat man immer besonderes Augenmerk auf die Vorratshaltung gelegt. Auch bei den Keksen«, erklärte ich den ahnungslosen Herren vom Festland. »Das wird lecker!«, sagte ich und drückte dabei Claus ein großes Messer in die Hand. »Du bist hier der Profi, du schneidest schon mal die Karotten Julienne! Das hat man davon, wenn man in einem gastronomischen Betrieb aufgewachsen ist«, sagte ich mit einem Augenzwinkern. Thommy bekam das kleinere Messer in die Hand gedrückt und fing sogleich an, die Cocktailtomaten zu halbieren und Zwiebeln und Knoblauch fein zu schneiden – ohne zu murren und ohne eine Träne zu vergießen! Andreas und ich liefen zur angrenzenden Fenne und ernteten eine gute Handvoll frischen Queller.

Dann konnte es losgehen. Ein bisschen Öl erhitzt, darin Zwiebeln und Knoblauch glasig geschwitzt, Karottenstreifen und Tomaten folgten, und Claus würzte kräftig mit Pfeffer. Abgelöscht wurde mit Weißwein, und dann köchelte der farbige Augenschmaus ein wenig vor sich hin und verbreitete einen wunderbaren Duft in der Küche, in der wir alle um den Küchenblock herumstanden, um in den großen Topf zu gucken. Inzwischen knurrten unsere Mägen um die Wette. Nur noch schnell die Spaghetti gekocht und in deren Garzeit einen Schuss Sahne in den Topf gegeben und abschließend den Queller obendrauf. Einmal durchgeschwenkt und Parmesan darüber gehobelt – ein Gedicht!

Die große Dose mit den Knerken stellte ich auf den Tisch. Selbstverständlich nach einem Rezept aus dem Hooger Kochbuch der Halligfrauen gebacken und daher etwas ganz Besonderes. So, wie der ganze Tag es war.

So ging dieser erlebnisreiche Tag genussvoll zu Ende. Bevor wir uns zur Nacht verabschiedeten, standen wir noch einmal alle um den Bilegger herum und stießen auf ihn und auch auf Alex an. Schönes und Trauriges liegen sehr oft nah beieinander. So sehe ich auch heute noch mit einem Lächeln im Gesicht auf den Butenböter in meiner Döns und empfinde gleichzeitig einen feinen Stich in meinem Herzen. Diesen Schatz werde ich bewahren, in Erinnerung an eine Freundschaft und in Erinnerung an eine Tradition, die heute leider auch nur noch Geschichte ist. Der Butenböter erwärmt nur noch meine Seele, aber bestimmt keinen Raum mehr. Schade eigentlich.

KAPITEL 14

Halligfunk – die Russen kommen

Ein paar Tage Hamburg lagen hinter mir. Ich konnte geschäftliche Termine mit zwei, drei privaten Treffen verbinden. Unter anderem war ich bei meiner Freundin Anne zu einem gemütlichen Beisammensein eingeladen. Dort feierten rund zwanzig Personen fröhlich ein Wiedersehen, am Büfett stehend diskutierte man über die allgemeine politische Situation, oder es wurde mit einem Glas Sekt auf das Kennenlernen angestoßen. Es herrschte eine wunderbare offene und ungezwungene Atmosphäre.

Anne und ich hatten uns einige Monate nicht gesehen. Wohnten wir als Kinder und Jugendliche in der Reihenhaussiedlung, in der wir aufwuchsen, noch gegenüber voneinander, zog es uns bald in unterschiedliche Richtungen. Der Zufall oder das Schicksal wollten es aber, dass wir wieder relativ nah zueinanderkamen. Sie hat es inzwischen auch in den Norden, nach Hamburg, verschlagen. Eine lebenslange Freundin in der Nähe zu wissen, ist etwas Wunderbares. Eine Freundin, die einen kennt, die eine Ahnung davon hat, wie es in einem aussieht, und mit der man gemeinsame Erinnerungen und Erfahrungen austauschen kann, eine Freundin, mit der man gute und schlechte Zeiten teilen kann. Ein unbezahlbarer Schatz. Und wie es so ist, wenn man sich lange nicht gesehen hat, gab es viel zu erzählen. So berichtete ich von den Dingen, die sich in der letzten Zeit auf der Hallig getan hatten, und dabei rückte ein sympathischer Mann immer näher an uns heran.

»Sorry, dass ich mich einfach so in euer Gespräch einbringe, aber habe ich das richtig verstanden? Du lebst auf einer Hallig?«, fragte er in meine Richtung und reichte mir dabei ein Glas Sekt.

»Das hast du richtig gehört, Bastian. Das ist meine Freundin Katja, die von Ismaning auf die Hallig Hooge zog«, erklärte Anne ihm und zwinkerte mir kaum merklich zu. »Und das ist Bastian, ein alter Freund.«

»Freut mich!« Bastian streckte mir seine Hand entgegen. Anne flötete was von »... mich mal um die anderen Gäste kümmern« und schwebte davon. Es stellte sich heraus, dass der große, durchtrainierte Mann Anfang fünfzig ebenfalls aus Ismaning stammte. Nicht gebürtig, aber aus geschäftlichen Gründen hatte es ihn dorthin gezogen. Nun wohnte er dort, wo ich früher immer mit dem Fahrrad auf dem Weg zu Freunden vorbeigefahren war, wenn wir an die Isar wollten. Fast dreißig Jahre später sieht es dort ganz anders aus, aber die Ecke ist mir noch sehr vertraut.

»Jetzt ist mir auch klar, warum du mitten in Hamburg eine bayrische Lederhose trägst«, lachte ich ihn an. »Fesch schaust aus!«

Er trug ein dunkelblau kariertes Hemd und dunkelbraune Haferlschuhe dazu. Bastian fiel auf.

»Dann bist du die erfolgreiche Buchautorin, von der ich letztens in der Zeitung gelesen habe«, kombinierte Bastian messerscharf und musterte mich interessiert mit seinen großen braunen Augen. »Das klingt ja nach einem Traumleben.«

Ich lachte. »Ja ja, was da so immer in der Zeitung steht. Aber du bist nicht der Erste, der mich darauf anspricht. Letztens erst machten mich Tagesgäste auf der Hallig auf meinen scheinbar umfassenden Erfolg aufmerksam. Sie gratulierten mir zu meinem neuesten Buch. Jetzt würden sie allerdings gern noch das Buch von mir kaufen wollen, das ich vorher geschrieben hätte. Das über den Rosengarten.« Ich erzählte Bastian von meiner Verwunderung und den Bemühungen, das Ehepaar davon zu überzeugen, dass es kein anderes Buch gebe.

»Doch, doch! Das wissen wir genau. Das hat man uns so gesagt. Und als wir uns am Fähranleger nach Ihnen erkundigten, nach der Dame, die das Buch über den Rosengarten geschrieben hat, hat man uns sofort die Ockenswarft genannt«, hatten die beiden aus tiefster Überzeugung erklärt.

»Und du hast dieses Buch gar nicht geschrieben?«, fragte Bastian.

»Nein! Es gibt kein anderes Buch. Es gibt nur *Barfuß auf dem Sommerdeich*. Aber deshalb bin ich noch längst keine Autorin, die von ihren Büchern leben kann.«

»Aber du wirst doch sicherlich ein zweites schreiben, wenn das erste so erfolgreich ist?«, fragte Bastian.

Ich musterte ihn und überlegte einen Moment. Fast murmelnd antwortete ich ihm: »Wenn das so einfach wäre.«

Fast den ganzen Abend sprachen wir beide über das Leben auf einer Hallig, über Menschen in Ismaning und über unsere Jobs. Er, ein erfolgreicher Unternehmensberater und leidenschaftlicher Hobbykoch, war von keinem festen Standort abhängig. Er konnte seine Aufgaben überall erledigen, sofern es Internet- und Handyverbindungen gab. Von den Halligen hatte er bis dato nur gehört oder aus der Zeitung erfahren.

»Da soll ja nichts los sein!«

»Wie kommst du darauf?«, fragte ich ihn.

In der *Süddeutschen Zeitung* war er vor einer Weile auf einen Artikel gestoßen. »In diesem schrieb die Autorin, dass Hooge Deutschlands letzter Ort der Verknappung sei. Und dass es sich um einen seltsamen Ort mit verstörenden Widersprüchen handeln würde«, erinnerte er sich. Auch ich erinnerte mich an diesen Artikel, der mich damals maßlos ärgerte. So sehr, dass ich mit einem Leserbrief darauf antwortete.

»Man darf wirklich nicht alles glauben, was in der Zeitung steht!«, kam es forscher aus mir heraus als beabsichtigt. Doch Bastian ignorierte meinen aufkommenden Ärger und lenkte das Thema wie selbstverständlich in eine andere Richtung.

»Ich träume schon lange von einem Haus am Meer.« Seine Augen leuchteten, als er das sagte. »Am liebsten würde ich meinen eigentlichen Job auf das Nötigste reduzieren und mich als Gastgeber einer kleinen und familiären Pension auf einer Insel«, er räusperte sich, »oder noch besser auf einer Hallig selbstständig machen.«

»Überschätze dich da mal nicht«, antwortete ich mit einem Augenzwinkern. »Du bist noch nie auf einer Hallig gewesen, hast von Sturm und Landunter auf solch einem Eiland keine Ahnung, und den Beruf des Gastgebers hast du auch noch nicht ausgeübt.«

Wir standen schon längst nicht mehr in der Nähe des Büfetts, sondern hatten uns in das gemütliche Wohnzimmer zurückgezogen, das Anne für diesen Abend zu einer Art Lounge umgestaltet hatte. Über Eck saßen wir uns während des Gesprächs in einem tiefen Sofa gegenüber. Jetzt aber richtete Bastian sich auf, stellte beide Füße auf den Boden und streckte seinen Rücken gerade.

»Also hör mal!« Das kleine graue Kissen, das er bis dahin auf seinem Schoß gehalten und an dem er immer wieder mal verlegen herumgezupft hatte, flog in hohem Bogen in die Sofaecke hinter mir. »Ich bin in Familienbetrieb aufgewachsen. Ich habe das Hotelleben quasi von der Pike auf gelernt. Kaffeekochen, Bettenmachen und ein Acht-Gänge-Menü aus dem Nichts zaubern – kann ich alles!«

Für einen Moment wirkte es, als ob ich den Tausendsassa in seiner Ehre gekränkt hätte, aber er entspannte sich gleich wieder und ergänzte: »Ich habe zwei Wochen Urlaub, den ich noch nicht durchgeplant habe. In den nächsten Tagen komme ich auf deine Hallig und gucke mir an, wie es da wirklich ist. Und dann sehen wir weiter.«

Wie aufs Stichwort löste sich unsere vertraute Zweisamkeit auf, denn es kamen andere Freunde zu uns auf das große Sofa, und wir redeten nicht mehr über die Hallig und die beruflichen Möglichkeiten auf einer solchen. Fast ein bisschen schade, denn tatsächlich hatte mich Bastian neugierig gemacht. Auf seine Person, aber vor allem auf seine Ideen, mit denen er ganz nebenbei ein kleines Samenkorn in mir gesät hatte. Sollte es mit ihm vielleicht doch noch die Möglichkeit geben zu expandieren? Würde ich durch ihn die Chance bekommen, meine finanzielle Situation zu verbessern und vor allem zu sichern?

Für einen Moment hing ich wieder meinem alten Traum nach einem eigenen kleinen Café nach. Schon lange gab es diesen Wunsch. Diesen aber allein umzusetzen, und das in dem Haus, in dem sich sowohl meine Ferienwohnungen als auch meine eigene Wohnung befanden, schien immer noch in nicht greifbarer Nähe zu sein. Zumindest bis zu diesem Abend in Hamburg.

Tatsächlich mietete sich Bastian für zwei Tage bei einer Nachbarin von mir ein, ohne dass ich vorher davon wusste. Das Wetter lud dazu ein, die Wäsche draußen auf die Leine zwischen den beiden Häusern zu hängen. Aus dem Augenwinkel sah ich eine männliche Person vom Nachbargrundstück auf mich zukommen. Da stand er plötzlich neben mir und reichte mir den Eimer mit den Wäscheklammern.

»Ja servus!«, sagte er mit einem breiten Grinsen im Gesicht.

»Servus!«, erwiderte ich schmunzelnd.

»Schön hast du's da, auf deiner Hallig.«

»Ich weiß!«

»Und es hat so gar nichts von dem Vorhof der Hölle, von dem die Autorin des *SZ*-Artikels geschrieben hat«, bemerkte Bastian frotzelnd.

Es war schön, ihn wiederzusehen, und es freute mich, dass er sich *meine* Hallig nun wirklich in der Realität angucken wollte. Wir plauderten eine Weile, während wir auf der Warft standen und den Blick über die Fennen schweifen ließen. Schließlich wollte Bastian auf Entdeckungstour gehen. Meine Zeit war knapp bemessen, und ehrlich gesagt wollte ich auch nicht mit ihm gemeinsam über die Ockenswarft laufen und ihm alles zeigen. Sollte es wirklich dazu kommen, dass sich aus diesem gedanklichen Samenkorn irgendetwas entwickeln könnte, würden es die Halligleute schon noch früh genug erfahren. Jetzt wollte ich es noch nicht offener machen, als es Not tat, und so erkundete Bastian die Hallig allein. So auch mein Traumhaus auf der Ockenswarft, das meinem Haus gegenüberliegt, etwa fünfzig Meter Luftlinie.

»Es steht zum Verkauf«, informierte ich ihn, als er mich am nächsten Tag darauf ansprach.

Ich erzählte ihm von Theo, der einmal in diesem Haus gelebt hatte. Ein Mann, bereits um die achtzig, als ich ihn kennenlernte, der sehr schnell seinen festen Platz in meinem Herzen hatte. Ich besuchte ihn damals, sooft ich eben konnte, den alten Hooger, der mich in seiner abgetragenen blauen Latzhose an den Großvater aus der US-amerikanischen Familienserie *Die Waltons* aus den 70ern erinnerte. Ein paar Jahre nach ihm starb seine Frau, seitdem ist das Haus verlassen. Die Erben leben auf dem Festland und sind nur selten auf der Hallig anzutreffen. Theos Haus, wie ich es immer noch liebevoll nenne, umgibt in meinen Augen etwas Besonderes. Das liegt nicht nur an der exponierten Lage und der gelungenen Kubatur. Obwohl Theo schon seit rund zwei Jahrzehnten nicht mehr lebt und ich seit bestimmt 15 Jahren nicht mehr in diesem Haus war, kann ich immer noch seine Seele um dieses Haus herum wahrnehmen.

»Zu gern würde ich aus diesem Haus ein kleines feines Hotel machen. Hell und maritim eingerichtet, mit Einrichtungsgegenständen, die noch aus der Zeit Theos stammen«, schwärmte ich Bastian vor. Er ließ sich von meinen Vorstellungen anstecken, und wir malten uns in bunten Farben aus, wie »Theos Hof« – so der Name des Luftschlosses – aussehen könnte und wie wir es möglicherweise gemeinsam führen könnten. Letzteres war allerdings nur in ganz zarten Farben angedeutet, denn ich konnte mir noch nicht so ganz vorstellen, in welche Richtung diese Projektidee noch laufen könnte.

Drei Monate später trafen wir uns erneut in Hamburg. Bastian hatte Feuer gefangen und wollte jetzt tatsächlich ernsthaft in die Planung einsteigen. Nach zwei Stunden stand das Konzept auf imaginären Säulen.

»Aber jetzt mal im Ernst, Bastian. Wie stellst du dir das vor? Möchtest du auf Hooge ein Hotel aufbauen und in München leben?«

»Die erste Zeit vielleicht, bis ich alles unter Dach und Fach habe. So lange bist du die Geschäftsführerin. Langfristig möchte ich aber auf die Hallig ziehen. Und dann schaun mer mal«, sagte er ruhig, mit fester Stimme und einem Augenzwinkern in meine Richtung.

»Bastian, du hast noch keine einzige Woche auf der Hallig verbracht, bist noch nie in der Sturmzeit dort gewesen und planst jetzt mit Stift und Papier deine Zukunft auf Hooge? So einfach ist das nicht!«

Bastian war überrascht und wohl auch ein bisschen enttäuscht. Da erst merkte ich, dass sich neben den Gedanken über ein mögliches gemeinsames Projekt wohl auch noch weitere Gedanken bei ihm auftaten, die sich auf meine Person bezogen. Das wiederum überraschte mich. Ich fand ihn sympathisch, aber war da mehr? Beide gingen wir zu der Zeit allerdings nicht darauf ein, sondern redeten weiter über den eigentlichen Plan. So entschied Bastian, dass er ein weiteres Mal nach Hooge fahren wollte, und das schon in kürzester Zeit und in Begleitung.

»Ich habe allen schon Bescheid gesagt. Übernächsten Montag geht es los. Mich werden ein Architekt, ein Maurermeister, ein Fensterbauer, ein Tischler, eine Innenausstatterin und zwei Freunde begleiten, die aus der Branche kommen.«

Na bravo, dachte ich bei mir.

»Wir sind auch schon mit dem Makler verabredet, der Theos Haus auf dem offiziellen Markt anbietet. Er wird auch anreisen.«

Auf der einen Seite war ich schwer beeindruckt. Er wollte es wirklich wissen und zog nun alle Register. Aber auf der anderen Seite verunsicherte mich sein Tempo immer mehr. Noch dazu, weil ich mir über sein eigentliches Ziel nicht mehr so ganz im Klaren war.

»Ich werde an dem Tag nicht auf der Hallig sein, Bastian. Ich habe Termine auf dem Festland.«

Insgeheim war mir das sehr recht. Zu diesem Zeitpunkt wollte ich mit diesem Vorhaben noch nicht in Verbindung gebracht werden. Mir waren die Hintergründe noch nicht ganz klar, und solange ich Bastians Intention nicht mit Sicherheit kannte, hielt ich mich lieber zurück.

Einen Tag nachdem Bastian mit dem mehrköpfigen Trupp auf der Hallig war, kam ich von meinen Festlandterminen nach Hooge zurück. Ich lud gerade die eingekauften Sachen aus und brachte sie vom Auto in mein Haus, da kam meine Nachbarin Hilke auf mich zugelaufen. Ihr ist sofort anzusehen, wenn der Schuh drückt, dennoch rückte sie nicht gleich mit der Sprache heraus. Die schlanke blonde Frau, die mit ihren strahlenden blauen Augen von jetzt auf gleich gute Laune verbreiten kann, bot mir an, die Sachen mit ins Haus zu tragen. Sie fragte nach völlig belanglosen Dingen, als ob sie nicht wüsste, wie sie das Thema anfangen sollte, das ihr auf der Zunge brannte. Erst nachdem wir uns mit einer heißen Tasse Milchkaffee auf die

Bank vor meinem Haus in die Mittagssonne gesetzt hatten, kam sie langsam zur Ruhe. Sie strich sich ihre lockigen Strähnen aus dem Gesicht und holte tief Luft.

»Katja, die Russen kommen nach Hooge!«, platzte es plötzlich aus ihr heraus.

Ich konnte gerade noch meine Tasse auf der Tischplatte abstellen, sonst hätte ich wohl mehr als die Hälfte verschüttet, denn plötzlich verschluckte ich mich und musste kräftig husten.

»Was? Wer kommt auf die Hallig? Die Russen? Was für Russen? Wo hast du das denn her?«

Hilke sah mich mit weit aufgerissenen Augen an.

»Die waren gestern hier und haben sich alles angeguckt. Auch hier bei uns. Das sollen um die zehn Männer gewesen sein. Alle groß, kräftig und insgesamt eher dunkle Typen.«

Jetzt war ich es, die mit weit aufgerissenen Augen aus dem Staunen gar nicht mehr herauskam.

»Eine Frau war wohl auch dabei, aber die hat nichts gesagt. Die Männer haben nur geredet, und das in einer Sprache, die keiner verstehen konnte. Die waren auf Backenswarft zum Mittagessen. Das hat mir Jutta dann abends bei der Arbeit auf der Hanswarft erzählt.«

Am liebsten hätte ich mir auf die Schenkel geklopft und laut losgeprustet, aber ich konnte mich zusammenreißen. Mir war natürlich sofort klar, um welchen »gefährlichen Ostblock-Trupp« es sich da handelte, aber meine Neugierde war einfach zu groß. Ich wollte abwarten, was man sich noch so alles über diesen fremdländischen Trupp erzählen würde. Ich konnte Hilke insofern beruhigen, dass ich ihr versicherte, selbst noch nichts davon gehört zu haben, und mir auch nicht vorstellen könnte, dass da etwas so Fragwürdiges im Busch sei. Wir verabredeten, die Ohren offen zu halten und uns gegenseitig zu informieren.

Zwei Tage später kam Hilke mit neuen Nachrichten. Erneut trafen wir uns draußen und sprachen über den Zaun, der unsere beiden Gärten hinter den Häusern trennte.

»Es waren gar keine Russen, die letzte Woche Theos Haus anguckten, sondern Polen. Aber es waren auch welche dabei, deren Sprache man nicht verstehen konnte. Hans-Peter sagte, dass ihm das alles nicht geheuer sei«, berichtete Hilke fast ein bisschen verschwörerisch.

Ich gestehe, dass ich Hilke bis zum heutigen Tag nicht darüber aufgeklärt habe, dass ich ganz genau wusste, um wen es sich bei diesen Männern handelte und dass von ihnen keinerlei Gefahr ausging. Und dass es sich bei der fremd anmutenden Sprache um einen Dialekt aus meiner bayrischen Heimat handelte. Zu sehr genoss ich es, dem Halligfunk zu lauschen und so zu erfahren, was sich aus manch flüchtig Gesehenem so alles entwickeln kann. Mein Name wurde in diesem Zusammenhang niemals genannt, was ich unauffällig schmunzelnd zur Kenntnis nahm. Wie schön, dass ich mal mehr wusste als andere.

Weiter entwickelt hat sich an dem eigentlichen Plan allerdings dann tatsächlich doch nichts mehr. Bastian blieb noch eine Weile an seinem Vorhaben dran. Als er aber merkte, dass ich von seiner Vorgehensweise nicht angetan war, ließ er bald darauf davon ab.

»Wenn du ernsthaft auf einer Hallig leben möchtest, musst du vorher ein paarmal da gewesen sein, und das vor allem in der Herbst- und Winterzeit. Hallig kann man nicht einfach so«, sagte ich zu ihm, als wir einige Zeit nach seinem letzten Besuch auf Hooge mal wieder telefonierten. »So verlockend die

Vorstellung auch ist, auch für mich persönlich, es gilt, die Vernunft über alles zu stellen. Und auch die Fürsorge.«

Ich konnte nicht zulassen, dass sich Bastian aufgrund einer guten Idee und eines guten Plans in solch ein Vorhaben stürzen würde, in das er noch dazu mich fest einplante.

»Ich weiß nicht, ob das richtig oder falsch ist, aber ich fahre gut mit meiner Vorgabe. Wer sich für die Hallig entscheiden will, muss sein Leben dort allein bestreiten können. Du darfst dich nicht darauf verlassen, dass immer jemand da ist, der dir hilft, wenn du Hilfe brauchst. Manchmal funktioniert das schon aufgrund der Wetterverhältnisse nicht, oder weil es eine Fahrplanänderung gibt. Deine Existenz darf nicht mit einer anderen Person stehen oder fallen«, vermittelte ich ihm ruhig, aber dennoch bestimmt. Es tat mir leid, ihn so enttäuschen zu müssen, und es tat mir auch leid, das Projekt »Theos Hof« loszulassen. Dass es aber die richtige Entscheidung war, zeigte sich mir auch dadurch, dass das Feuer, das in Bastian sehr schnell entfacht war, ebenso schnell wieder erlosch. Kurz nach unserem letzten Gespräch über den aufgestellten Plan war dieser kein Thema mehr. Auch haben wir uns nur noch ein-, zweimal gesehen, bevor der Kontakt wieder einschlief. Wäre die Liebe zur Hallig in ihm gewachsen, wäre seine Sehnsucht nach einem Haus oder gar einem Hotel am Meer weiterhin unerfüllt geblieben, hätte er sich von meiner Vernunft nicht so schnell abbringen lassen. Dann hätte er seinen Plan umgesetzt, weil es eben sein Plan war und man hätte später immer noch gucken können, welche Rolle ich in diesem hätte vielleicht einmal einnehmen können. Aber wie heißt es so schön: Pläne sind dazu da, um geändert zu werden.

Der Zeitungsartikel, der in der *SZ* abgedruckt war, trug den Titel »Einsam im Mehr« – wofür auch immer das »h« im

Meer stehen sollte. Das hat sich mir bis heute nicht erschlossen. Auch die Begegnung mit Bastian hat gezeigt, dass das Leben auf Hooge nichts mit Einsamkeit zu tun hat. In jeder Beziehung ist hier immer etwas los, und wenn man es möchte, steht Begegnungen mit neuen Menschen nichts im Wege. Auch einer möglichen Liebesbeziehung nicht. Manchmal geht das sogar schneller, als man denkt.

Wie so oft habe ich viele Kapitel für mein Buch während der Überfahrt mit der Fähre auf meinem kleinen Laptop im Auto geschrieben. Auch dieses Kapitel ist so mitten auf der Nordsee, zwischen Hallig und Festland, entstanden. Und während ich schmunzelnd über den Halligfunk sinnierte, öffnete sich die Beifahrertür, und der Steuermann der Fähre setzte sich zu mir ins Auto. Bis zu diesem Zeitpunkt kannte ich nur seinen Namen (der Nachname steht wohlgemerkt sichtbar auf seiner Dienstjacke) und wusste, dass er ursprünglich aus dem Süden stammt.

»Einen schönen guten Morgen«, wünschte er mir und strahlte mich dabei an.

»Aber hallo«, sagte ich zu ihm. »Das hast du ja noch nie gemacht. Wie komme ich zu der Ehre, dass du dich zu mir setzt?«

Sein fröhliches Lächeln wurde zu einem breiten Grinsen.

»Na, hör mal! Jetzt, da wir ein Paar sind, kann ich mich doch mal zu dir ins Auto setzen!«, sagte er strahlend.

»Verdammt! Ich habe schon wieder etwas verpasst!«, lachte ich.

»Mach dir nichts draus«, sagte *mein* Steuermann verständnisvoll zu mir, »ich weiß es auch erst seit gestern Abend.«

KAPITEL 15

Mikrokosmos Hallig – Kartenhaus oder Paradies?

Auf der Hallig ist der Himmel endlos und der Lebensraum begrenzt. Rund einhundert Menschen machen hier alles, sehen alles, sind für alles zuständig, reden über alles und müssen letztendlich auch alles mehr oder weniger gemeinsam aushalten. Jeder redet bei allem mit, einer weiß es immer besser als der andere, und sowieso stehen die besten Kapitäne an Land!

Und dann sind da noch die Neubürger – allein der Begriff hat schon großes Diskussionspotenzial –, die sich erst mal mit den allgemeingültigen Regeln des Halliglebens vertraut machen müssen. Gesetze gibt es natürlich auch, denn zur großen Überraschung manch eines Gastes gehören die Halligen zur Bundesrepublik Deutschland. Man benötigt also keinen Reisepass, um anzureisen, und das Grundgesetz hat hier genauso Gewicht wie alle anderen bundesdeutschen Gesetze und Verordnungen auch.

Darüber hinaus gibt es aber eben auch die besagten Regeln. Aufgestellt hat sie niemand in persona, seit wann sie gelten, weiß keiner, aber von ihnen gehört hat schon fast jeder. Im allgemeinen Sprachgebrauch der Halligleute heißt das dann schlicht und ergreifend: »Das macht man so!« Oder: »Das war schon immer so!« Diesen entwaffnenden Begründungen für althergebrachte Verhaltensvorgaben etwas entgegenzusetzen, bedeutet, sehr dicke Bretter behutsam anzubohren.

Auf einer Hallig hat man häufig mehrere Aufgaben oder gar Berufe, die nicht unbedingt von der Pike auf gelernt wurden, aber manchmal schon jahrzehntelang ausgeübt werden. Der eine ist Postbote, gleichzeitig Haus- und Hofelektriker, und wenn die Pumpe nicht mehr pumpt, wird er gerufen. Eine andere ist vormittags Hausfrau und Vermieterin, verkauft am Nachmittag Souvenirs und bringt abends in der Gaststätte Essen und Getränke an den Tisch. Mit dem nächsten treibe ich in einem Moment die Kühe von der einen zu der anderen Fenne, ein paar Stunden später sitze ich mit ihm in einer kurzfristig einberufenen Gemeinderatssitzung und diskutiere mit ihm über eine Gebäudesanierung. Einen weiteren bestaune ich abends, wie er auf der Bühne der Laientheatergruppe sein Spiel zum Besten gibt, um ihm am nächsten Morgen meine Meldezettel aus der Vermietung auf den Schreibtisch im Gemeindebüro zu legen. Gleichzeitig ist man Parteikollege und Vorgesetzte, Servicemitarbeiter und Nachbar, Krankenpflegerin und Patient, Freund und Gemeindevertreter, manchmal auch Arbeitskollegin und verwandt – Letzteres macht es nicht immer einfacher –, und manchmal ist man alles zeitgleich. Selbst mir kommt es zwischenzeitlich so vor, als ob ich eine gespaltene Persönlichkeit hätte, und dann kommt mir der Buchtitel von Richard David Precht in den Sinn: *Wer bin ich – und wenn ja, wie viele?*

Ja, so ein Mikrokosmos hat es in sich! So ein Gefüge kann verbinden. Tatsächlich kann man zu einer Schicksalsgemeinschaft werden. Es kann aber auch ganz schön anstrengend sein, auf derart engem und begrenztem Raum zu leben. Manchmal fühlt sich die Hallig an wie ein Kartenhaus, das aus hauchdünnen Papierwänden gebaut ist und beim ersten stärkeren Lüftchen in sich zusammenfällt.

Im Strandkorb vor meinem Haus saßen Mia und Tom und ließen sich meine frisch gebackene Friesenschnitte schmecken. Das Paar aus Berlin war zum ersten Mal auf der Hallig. Eine Auszeit wollten sie sich nehmen, eine Woche abschalten vom Großstadtlärm, von der stressigen Arbeit in der gemeinsamen Werbeagentur und den Diskussionen mit den pubertierenden Zwillingen, die nicht mitgekommen waren. Alles hier schien auf die beiden allein schon durch den Kontrast zum Berliner Großstadtdschungel ausgleichend und entschleunigend zu wirken.

»Es ist herrlich!« Mia streckte die bunt lackierten Zehen in den warmen Sommerwind und lachte. »Hier kommt man wirklich runter. Ihr lebt dort, wo andere Urlaub machen, ihr Halligmenschen müsst doch von Grund auf total tiefenentspannt sein.«

»Das stimmt so nicht ganz«, erklärte ich ihr. »Wir Halligleute arrangieren uns mit vielen und vielem, aber dennoch gibt es immer wieder Einflüsse und Ereignisse, die uns ordentlich durchrütteln. Das können äußere Einflüsse sein, für die wir direkt nichts können, wie zum Beispiel extreme

Wetterbedingungen oder der demografische Wandel. Wir sind nicht von der Angst getrieben, dass es die Halligen irgendwann nicht mehr geben wird. Wären wir das, dürften wir hier nicht wohnen. Fakt ist aber, dass wir hier Menschen brauchen, die mit anpacken und unseren Mikrokosmos auch mit Leben füllen, und dass der Klimawandel und der nachweisbare Meeresspiegelanstieg eine große Bedrohung für die Halligen darstellen. Nicht nur unser Lebensraum ist bedroht, sondern auch der einzigartige Standort von Zigtausenden Küstenvögeln, die hier rasten und brüten. Uns wird bei jedem Landunter, bei jeder Sturmflut immer wieder vorgeführt, dass es um unser Hab und Gut, unser Zuhause gehen kann, aber auch um einen Lebensraum, der von den Menschen geschützt werden muss. Es ist nicht immer die paradiesische Oase mitten im Meer.«

»Aber ihr habt hier schon viele Sorgen nicht, mit denen wir Großstadtpflanzen uns rumärgern«, gab Tom zu bedenken. »Lärm, Kriminalität, hohe Mieten ...«

Ich versuchte, ihm zu erklären, wie risikobehaftet es trotzdem ist, auf einer Hallig zu wohnen. Wie schnell kann dieses Kartenhaus in sich zusammenfallen, weil man sich das Leben hier vielleicht ganz anders vorgestellt hat oder nicht leisten kann. Bauen kostet aufgrund der Transportkosten doppelt so viel wie auf dem Festland, und Versicherungen decken längst nicht alle möglichen Schäden ab, die hier eintreten können. Halligen sind in ihrer Natur wie in ihrer Kultur höchst erhaltenswert, das wissen viele Menschen, aber die großen Massen sind es nicht, die letztendlich ganzjährig auf der Hallig leben und wirtschaften wollen. Von einer Landflucht müssen wir aber nicht sprechen. Im Gegenteil. Das Interesse, auf einer Hallig zu leben, ist groß. Gut durchdacht oder eher weniger steht wieder auf einem anderen Blatt. So kommt es immer wieder zu Zuzug von Neubürgern. Zum Glück – sage ich! Kleine dörfliche Gemeinden brauchen dringend immer wieder frisches Blut. Das war tatsächlich immer schon so. Aber auch offene Gedanken, frischen Wind und einen erweiterten Horizont.

»Hier noch mal was Neues anfangen ...«, sinnierte Tom, während er sich Schmandcreme und Pflaumenmus auf der Zunge zergehen ließ.

»Und wie klappt das mit den Neuen hier so?«, wollte Mia wissen. »Kommt man hier gut rein in die Gemeinschaft der Hooger? Was muss man unbedingt beachten?«

Ich musste schmunzeln. Immer wieder gerate ich in Diskussionen, in denen es darum geht, was »die Neuen« machen oder eben nicht machen. Und überhaupt, wer sind eigentlich »die Neuen«, und vor allem, wie lange ist man denn einer von den Neuen? Ich bin seit fast zwanzig Jahren auf der Hallig und habe selbst manchmal das Gefühl, eine von den Neubürgern zu sein. Die Kommunalpolitik setzt sich immer wieder mit dem Thema Neubürger auseinander. Über die Gewinnung neuer Bürger wurde viel und breit diskutiert, auch in TV-Dokumentationen, aber die Integration an sich wurde nicht aktiv begleitet. Ob das verantwortungslos oder normal ist, darüber kann man bestimmt stundenlang diskutieren. So habe ich mich selbst häufig gefragt, was denn hier die Regeln sind und wie ich sie lernen kann, damit ich nicht anecke. Denn anecken kann man hier sehr schnell, gerade als Zugereister. Auch ohne böse Absicht. Früher hat mir das Sorgen bereitet: Muss ich mich als Neue bei allen Hoogern vorstellen? Würde ich das denn auf dem Festland auch machen?

Es gibt auf Hooge einen schönen Brauch. Wenn es auf der Warft einen Neuzugang gibt, sammelt die Warftgemeinschaft für einen Willkommenskranz. Dieser wird bestenfalls zum Einzug über der Haustüre aufgehängt. Auf der Ockenswarft hatten wir das bereits öfter, denn eine Zeit lang gab es bei einer gemeindlichen Stelle nur wechselnde Aushilfen, und zeitgleich fanden innerhalb eines Jahres mehrere Umzüge statt. Da kamen schon mal sechs Kränze zusammen. Als ich im Jahr 2000 auf die Hallig zog, bekam ich auch einen und war sehr gerührt. Wenn es zeitlich passt, kommen Alteingesessene und Zugereiste gleich auf einen Umtrunk zusammen und lernen sich kennen. Als ich mich bei meinen Nachbarn für den Kranz bedankte, versprach ich, eine Einzugsparty zu geben. Die sollte dann zwar noch zwei Jahre auf sich warten lassen, denn vorher ging ich noch einmal auf das Festland, um eine weiterbildende Schule zu besuchen, aber dann gab es drei gute Gründe zu feiern: meinen Einzug, meine bestandene Prüfung und meinen Geburtstag. Alle Nachbarn kamen zusammen. Wir trafen uns in der Warftmitte, saßen auf Bierbänken an voll beladenen Tischen. Zu leckerem Grillgut gab es verschiedene Salate und Soßen und natürlich auch Dessert. Gern erinnere ich diesen schönen Nachmittag im Kreise meiner Nachbarn. Alle anderen Halligleute habe ich nach und nach kennengelernt. So würde ich das wieder machen und auch jedem Neubürger empfehlen, sich zumindest bei den direkten Nachbarn vorzustellen. »Das macht man so auf einer Hallig.« Allerdings beobachte ich auch, dass es Alteingesessene gibt, deren Erwartungshaltung Neuen gegenüber sehr hoch ist. Auf einer Veranstaltung habe ich mitbekommen, wie meine jüngste Nachbarin von einer Hoogerin zurechtgewiesen wurde, weil sie sich noch nicht bei ihnen vorgestellt hatte. Nach gerade einem knappen halben Jahr. Einem knappen halben Jahr, in dem sie sich in ihren neuen Arbeitsplatz hineinfinden musste, ihr neues Zuhause einrichtete und auch die letzten Dinge zwischen Festland und Hallig erledigte. Da sind vier, fünf Monate schnell rum.

»Wir wissen ja gar nicht, wer du bist, wenn du an uns vorbeiläufst!«, erklärte Caroline in einem sehr forschen Ton. Caroline wohnt zwei Warften weiter und hatte bisher noch keine Berührungspunkte mit meiner neuen Nachbarin. Bis zu dieser Veranstaltung. Ihr Verhalten hat mich sehr nachdenklich gemacht, denn es hat mich mit dem Thema Willkommenskultur konfrontiert. Eine positive Einstellung Neuen gegenüber – das kann auch einer kleinen Hallig nicht schaden. Vermutlich werde ich dafür keine neue Regel aufstellen können, aber das wäre ja auch zu einfach.

»Einen Regelkatalog gibt es nicht«, erklärte ich Mia, »das ein oder andere habe ich aufgeschnappt oder tatsächlich von alten Hoogern erzählt bekommen. Eine einfache Regel, die mir sehr gut gefällt, die ich aber tatsächlich erst lernen musste, bezieht sich auf das Eintreten in ein Haus. An der Haustüre klopfen, diese öffnen und laut ›Moin‹ sagen. Befinde ich mich in einem Flur, trete ich ein und klopfe an der nächsten Türe, ohne sie zu öffnen. Wenn nichts erwidert wird, geht man, ansonsten gibt einem die Reaktion des Bewohners vor, wie man sich zu verhalten hat. Keinesfalls betrete ich eine Küche oder ein Wohnzimmer ohne Aufforderung, und niemals drehe ich einen Schlüssel herum, um durch eine verschlossene Türe einzutreten, ohne dass dazu eine Einladung ausgesprochen wurde.«

Darauf wäre ich allerdings auch nicht in meinem Leben in München gekommen, aber tatsächlich erlebe ich das auf Hooge immer wieder mal. Sowohl von Gästen als auch von Neubürgern. Für mich ein absolutes No-Go, denn es stellt für mich das Übertreten einer Grenze dar. Tatsächlich kommt es vor, dass Menschen, die mein Buch gelesen oder mich im Fernsehen gesehen haben, auf einmal mit gezückter Kamera in meinem Haus stehen und mal gucken wollen, ob ich tatsächlich so lebe wie in *Barfuß auf dem Sommerdeich* beschrieben. Manchmal liegen bei mir persönliche Sachen in der Küche, manchmal Geld, aber auch Papiere, die Dritte nichts angehen. Auch andere Gründe sprechen dagegen, unaufgefordert in meine privaten Räume zu gehen. Den Schlüssel eigentlich nicht abziehen zu müssen, ist eine Freiheit, die ich erst auf der Hallig kennen- und leben gelernt habe und die ich mir von niemandem nehmen lassen möchte.

»Das wäre bei uns unvorstellbar«, lachte Tom und schüttelte den Kopf.

Auf manche Regeln muss man hin und wieder offiziell hinweisen, meist weil sie aus Unkenntnis nicht beachtet werden. Etwa die, dass die Fahrzeuge, die zur Fähre fahren, auf der einspurigen Fahrbahn Vorfahrt haben. Ich finde das sinnvoll. Oder dass man auf der Hallig mit dem Auto rechts ranfährt und den Motor abstellt, wenn einem eine Trauergesellschaft entgegenkommt. Dieses respektvolle Verhalten gefällt mir sehr gut.

Eine weitere Regel für das Zusammenleben auf der Hallig ist, dass man sich duzt, auch mit Fremden. Ich allerdings nehme von dieser Regel gern Abstand, als Vermieterin und erst recht als Bürgermeisterin. Gerade aufgrund der Situation, dass man hier sehr schnell in einen Interessenskonflikt geraten kann oder mit einer Beziehung konfrontiert wird, in der ein privates Du zu schnell eine Vertrautheit vermittelt, die (noch) nicht angemessen ist. Ich möchte tatsächlich selbst entscheiden, wann ich wem das Du anbiete und es umgekehrt annehmen möchte.

Sympathisch finde ich die ungeschriebene Regel, dass auf Geburtstagen nicht über Politik geredet wird. Gerade in den letzten Monaten fällt mir immer wieder auf, wie oft ich an einem Tag über politische Themen spreche. Unterm Strich viel zu oft! Da ist es mehr als angenehm, wenn es mal eine Gesellschaft gibt, auf der zwar durchaus Gemeindevertreter oder Parteikollegen zusammensitzen und sich zuprosten, aber die Politik außen vor bleibt.

Neulich saß ich bei einem neunzigsten Geburtstag, schaute in die Runde und schmunzelte vor mich hin. Links von mir gab die Jubilarin einer jungen Neubürgerin, die gerade mit ihrem ersten Kind schwanger und entsprechend nervös war, anschauungsvoll Tipps zum Veratmen vorzeitig auftretender Wehen. Zu meiner Rechten diskutierten der Pastor, ein Landwirt und Fährkapitän Hansen kontrovers die Vor- und Nachteile des geplanten Baus des »Markt-Treffs«, eines neuen Nahversorgungszentrums, das auf der Hanswarft entstehen und zukünftig den Halligkaufmann, eine Krankenstation, drei Mietwohnungen inklusive eines Schutzraumes sowie einen Treffbereich beherbergen sollte.

Wieder einmal wurde mir bewusst, was für unterschiedliche Typen hier gemeinsam an einem Tisch sitzen. Sitzen können! Von ganz jung bis ganz alt, alteingesessen oder erst ein paar Monate hier, politisch aktiv oder gar nicht – völlig egal! Alle sind hier, weil sie auf der Hallig ihr Glück suchen, weil die Hallig für sie ihr Zuhause ist. Auch das macht das Halligleben aus und macht mir immer wieder bewusst, wie besonders das Leben hier ist und wie viel es letztendlich doch zu bieten hat. Für mich, meine persönliche Entwicklung, für meinen geistigen Horizont, der sich hier auf zweifache Weise vergrößert hat, unendlich viel! Und bei den sogenannten Regeln, so merke ich dann, handelt es sich überhaupt nicht um Vorschriften oder gar Reglementierungen. Ganz im Gegenteil. Es sind Empfehlungen, die gut durchdacht sind und viel mit Respekt zu tun haben und das Miteinander auf Augenhöhe einfacher machen. Ein respektvoller Umgang miteinander ist das A und O, egal, ob man im Mikrokosmos Hooge oder in der Weltstadt Berlin lebt. Wenn ich Respekt lebe und merke, dass er mir in gleicher Form entgegengebracht wird, dann spüre ich sofort, wie sich die dünnen und instabilen Papierwände des vermeintlichen Kartenhauses verfestigen und tragend werden. Dann wird mir wieder klar, dass ich wirklich lebe, wo andere Urlaub machen. Und ich genieße es, den Schlüssel nicht abziehen zu müssen, denn meistens bin ich ohne Taschen auf der Hallig unterwegs. Tief durchatmen kann ich, wenn ich in einen Raum eintrete, in dem ich nicht über Politik reden muss und mit meinem Sitznachbarn, mit dem ich am Abend zuvor noch heftig über eine Mietangelegenheit diskutiert habe, auf das Wohl unserer ältesten Bewohnerin anstoßen kann.

Das alles erlebe ich in einem minimalistischen Lebensraum, auf einer Fläche von knapp sechs Quadratkilometern, und genieße es Jahr für Jahr aufs Neue. Auch wenn es zwischendurch immer mal wieder Gegenwind gibt. Untermalt wird dieses Gefühl, wenn ich mir der Freiheit bewusst werde, die ich hier auf der Hallig empfinde und in manchen Bereichen auch leben kann. Dann nehme ich die Hallig als Paradies wahr und lasse den Blick entlang des scheinbar endlosen Horizonts schweifen. Und manchmal verflüchtigen sich von jetzt auf gleich schwere Gedanken, und es gibt keinen Grund mehr, darüber nachzudenken, ob ich hier in einem zerbrechlichen Kartenhaus lebe.

Als Mia und Tom nach einer Woche Abschalten auf der Hallig wieder auf die Fähre stiegen, war ich sicher, dass sie sich auf ihr Großstadtzuhause freuten, denn der Mikrokosmos Hallig wäre auf Dauer bestimmt nichts für sie. Ich bin mir sicher, dass sie sich viel zu sehr an den Großstadtlärm und den dazugehörigen Trubel gewöhnt haben und vor allem das Nachtleben und die Öffnungszeiten der Kaufhäuser spätestens in den Wintermonaten auf der Hallig vermissen würden. Und den Wechsel ihren derzeit sehr quirligen Kindern zuzumuten, wäre sicherlich keine vernünftige Entscheidung. Aber wer weiß. Jedes Leben kann jederzeit einstürzen, egal, ob man auf Stein, Sand oder Marschland gebaut hat. Und dann werden die Karten neu gemischt.

KAPITEL 16

Freitag, der 13.

Es war wieder einmal spät geworden, schon 23 Uhr, und ich saß noch in meinem Büro. Ein langer Tag neigte sich dem Ende zu. Draußen war es stockdunkel, und der Wind pfiff um mein altes Haus am Landsende. Er rauschte durch die Bäume, die mittlerweile nicht mehr viel Laub trugen. Es war Oktober. Inzwischen legte ich mir abends wieder eine Decke über die Beine, wenn ich bis spät in die Nacht am Computer saß. Die Büroarbeit nahm kein Ende. Anfragen, Briefe, Bestellungen, und der Monatsabschluss wollte auch noch gemacht werden. Mir fielen fast die Augen zu, vor allem, weil ich fast den ganzen Tag am PC gesessen hatte, um E-Mails zu beantworten. E-Mails, die schon viel zu lange auf eine Antwort warteten. Dabei waren meine Gedanken immer wieder ausgebrochen. Immer und immer wieder lief der Vormittag vor meinem geistigen Auge ab.

Der Wecker hatte um sechs Uhr heute Morgen geklingelt. Das Aufstehen fiel mir nicht leicht, die Nacht war kurz. Trotzdem. Es musste sein, ich wollte sie noch einmal sehen! Es war noch dunkel draußen, nicht gerade einladend, aber es gab sowieso noch einiges im Haus zu tun. Ich bereitete das Frühstück für meinen Gast, Herrn Schnabel, einen vertrauten Stammgast, vor und war um sieben mit allem fertig. Ich stieg ins Auto und machte mich auf den Weg zur Hanswarft. Ich fuhr über den schmalen Plattenweg, der links zum Süderdeich führt, ungefähr zweihundert Meter weit, stellte den Motor ab und beobachtete sie, wie sie fast alle noch ganz entspannt im Gras lagen. Die Kühe, unsere vierbeinigen Sommergäste. Heute war der Tag ihrer Abreise. Zumindest für einige von ihnen.

Fast alle Kälber lagen bei ihren Müttern oder zumindest in der Nähe. Allerdings stand Chefin, die helle Charolais-Kuh, relativ weit von ihrer kleinen Principessa entfernt. Beide grasten in aller Ruhe vor sich hin. Die Mama rechts von der Gruppe, die Kleine links. Nach ungefähr zehn Minuten drehte sich Principessa um, streckte den Hals, guckte zu ihrer Mutter und muhte kurz und leise. Chefin wandte sich um, schaute ihre Tochter an und muhte zurück. Beide gingen ein Stück aufeinander zu, bis die Mutter stehen blieb. Principessa wurde etwas schneller, und ein paar Meter vor ihr lief sie los, zielstrebig an Mamas Euter und genoss gute zehn Minuten und ohne Pause ihr nahrhaftes Frühstück.

Ich beobachtete sie alle, und Wehmut machte sich in mir breit. Jane lag sehr eng mit ihrer zarten Jolle, ebenso wie Mutti mit ihrer wunderschönen weiß-braunen Manon. Gute dreißig Meter weiter lag Muttis andere Tochter, die dreijährige Sweety, nicht weit von ihrem Sohn, meinem kleinen Liebling,

Schorschi. Außerdem lagen da noch Bella und Bingo, Mama Schlumpfine mit dem letztgeborenen Sumo, der allerdings der Größte von dieser Kälber-Bande war. Susi hatte den kleinen Simba immer im Auge – ein frecher, aber auch scheuer kleiner Kerl. Der Papa von all diesen Kälbern ist Aron. Er lag entspannt da, schien noch fest zu schlafen und hatte die vier Damen um sich herum geschart, die ohne Kalb sind. Bei Ofive konnte man angesichts ihres stattlichen Umfangs annehmen, dass sie demnächst kalben würde, aber der Bauch schien tatsächlich nur angefressen zu sein. Hier war Aron wohl nicht erfolgreich gewesen. Neben Ofive ruhte Schmusi. Sie hatte in diesem Jahr kein Kalb, weil wir sie im Sommer zuvor aus der Herde genommen hatten. Schmusi hatte nach einem Unfall so starke Rückenprobleme, dass ich entschied, sie ein Jahr zu schonen. Dieses Jahr der Regeneration tat ihr gut, und jetzt lag sie wieder rundum zufrieden in ihrer Herde. Die schöne Alma, die älteste Dame in dieser Herde, lag ebenfalls in Arons Nähe. Sie hatte Anfang des Sommers eine Totgeburt. Auch das kommt leider vor. Ein wunderschönes kleines Mädchen, fix und fertig, alles dran! Aus welchen Gründen auch immer, sie kam nicht rechtzeitig auf die Welt. Sie lag verkehrt herum. Alma hat die Kleine nicht allein auf die Welt bringen können. Jan und Hartwig waren schnell zur Stelle und haben alles gegeben, dennoch hat es die kleine Almi nicht geschafft. Sie kam tot auf die Welt.

Und dann lag da noch Melli, mein Monster, wie ich sie liebevoll nannte, eine wunderschöne und sehr große Kuh. Sie hatte ein Kalb, die kleine Mandy. Mandy ist leider nur zwei Wochen alt geworden. Wir können nicht nachvollziehen, was passiert ist, plötzlich hat sie nicht mehr getrunken. Auch aus der Flasche nicht, die sie anfangs angenommen hatte. Wir haben um sie gekämpft! Alle paar Stunden war ich da, um sie zu füttern, wir haben ihr eine Hütte hingestellt, die wir von einem anderen Landwirt ausleihen durften, damit sie es warm und trocken hatte und Mama Melli trotzdem in ihrer Nähe sein konnte. Viele Freunde und Gäste nahmen Anteil und drückten die Daumen für die kleine Mandy. Trotzdem hat sie es nicht geschafft. Melli ist erst seit fünf Jahren bei Jan in der Herde. Eine Kuh, die auf unsere Gegenwart gar keinen Wert legte, was sie sehr deutlich zeigte. Schnaufen, Warnsignale mit dem gesenkten Kopf senden und – wenn es sein musste – auch mal mit dem Vorderhuf scharren waren anfangs gang und gäbe. Inzwischen ließ sie mich immerhin in ihre unmittelbare Nähe. Sie hatte wohl gemerkt, dass wir ihr und Mandy helfen wollten. Aber anfassen ließ sie sich ansonsten nicht. In den letzten Tagen hatte ich mit ihr geübt. Melli guckte sich das zunächst eher skeptisch an. Es gibt ein Prinzip, das »Low Stress Stockmanship«, also ein stressarmer Umgang mit Herdentieren. »Kuhflüstern« könnte man auch dazu sagen. Es werden mittlerweile Seminare angeboten, in denen man den Umgang mit Weidetieren nach diesem Prinzip erlernen kann. Gern würde ich mal an einem solchen Seminar teilnehmen, hatte aber bislang noch keine Gelegenheit dazu. Im letzten Jahr konnte ich einen Kuhflüsterer für einen Wochenendkurs nach Hooge holen. Diese großartige Erfahrung und die Informationen aus dem Internet motivieren mich, es immer wieder laienhaft zu versuchen.

Ich stellte mich mal parallel, mal mit dem Rücken zu der scheuen Kuh. Dann wieder vor sie, und dann wich ich wieder ein paar Schritte ab. Mit Sicherheit habe ich das noch nicht richtig gemacht, aber es hat tatsächlich schon einen kleinen

Erfolg gehabt. Ich stand parallel zu Melli, auf Kopfhöhe, an ihrer rechten Seite. Mein linker Arm war ein wenig in ihre Richtung gestreckt. Zwischen uns nur ein guter Meter. Melli hob ihren Kopf, reckte ihn ein bisschen, so, als ob sie sich nur mal zufällig in die Richtung strecken würde, und berührte ganz kurz meine Hand. Mir sprang vor lauter Freude fast das Herz aus der Brust. Danach fraß sie weiter, ich ging einen Schritt zur Seite und drehte mich zu ihr. Ich konnte nicht anders und bedankte mich bei ihr. Was für ein Fortschritt. Und was für eine Hoffnung. Im nächsten Jahr würde ich sie vielleicht anfassen dürfen, dachte ich da noch ...

All das geisterte mir durch den Kopf, während ich im Auto saß und diese wunderbare Herde beobachtete. Langsam wurde die Bande wach. Ganz langsam. Mir eigentlich zu langsam, denn ich wollte zu Schorsch und ihn noch einmal streicheln, noch einmal in der Nähe der sanften Vierbeiner sein. Ich wollte sie aber nicht aufscheuchen. Sie sollten entscheiden, wann sie aufstehen wollten.

Ofive war die Erste, die sich erhob, um sich Streicheleinheiten abzuholen. Längst hatte sie mein Auto erkannt und ging nun direkt auf dieses zu, gefolgt von meinem kleinen Liebling Schorschi und seiner Mutter Sweety. Ich hatte noch eine Viertelstunde, bevor ich wieder nach Hause musste, um meinem Gast das Frühstück aufzudecken. Und siehe da, mein Wunsch ging in Erfüllung. Nun hatten alle ausgeschlafen und standen langsam auf. Ich stieg aus und betrat behutsam die Fenne, und schon stand ich mittendrin. Ofive kam nur ganz kurz vorbei, aber Schorsch war auf direktem Weg zu mir. Der kleine Mann war auf Kuschelkurs. Zehn Minuten konnten wir noch genießen, dann musste ich nach Hause.

Herr Schnabel, mein treuer und herzensguter Stammgast aus Bayreuth, kam wie immer pünktlich um neun Uhr in die Döns, in der ich für ihn den Tisch gedeckt hatte. Wir plauderten ein bisschen, es war sein letztes Frühstück, denn am späten Nachmittag würde er wieder abreisen. Herr Schnabel kommt schon seit fast zwanzig Jahren ins Haus am Landsende, um seinen Urlaub hier zu verbringen. Früher mit seiner Frau – ich sehe sie immer noch vor mir! Und wenn er bei mir im Haus ist, ist auch sie dabei. In unseren Gesprächen und in unseren Herzen. Vor sechs Jahren ist sie gestorben, inzwischen kommt Herr Schnabel allein nach Hooge. Als ich damals von ihrem Tod erfahren habe, dachte ich, dass ich auch ihn nie wiedersehen würde. Herr Schnabel ist ein großer Mann, mit sanften braunen Augen, die verraten, dass bei ihm durchaus auch mal der Schalk im Nacken sitzt, einer sanften Stimme und einem angenehmen fränkischen Dialekt. Ein Mann, der immer in sich ruht, er wirkt auf mich wie ein Fels in der Brandung. Er stellt nie irgendetwas infrage, ist immer bescheiden und zurückhaltend. Sein Glück lag darin, mit seiner Frau das Leben und vor allem die gemeinsamen Urlaube zu genießen. Als er mir seinerzeit am Telefon von ihrem Tod erzählte, weinten wir zusammen. Eine unternehmungslustige und fröhliche Frau musste viel zu früh gehen. Sie hinterließ einen Mann, von dem ich dachte, dass er es allein nicht schaffen würde. Sein gebrochenes Herz war ihm anzusehen. Aber ich sollte mich täuschen. Zum Glück. Er erlernte sogar den Umgang mit dem Computer und begann, E-Mails zu schreiben, was vorher ausschließlich seine Frau getan hatte. So telefonierten wir nicht nur ab und zu, sondern schrieben uns auch.

Zwei Jahre nach ihrem Tod wagte er den ersten Urlaub allein auf der Hallig. Zuerst war es für uns beide schwierig.

Wir redeten viel über die vorausgegangenen Urlaube und über seine Frau. Unsere Gespräche am Frühstückstisch entwickelten sich zu einem vertrauten Ritual. Aber auch wenn es für diesen Urlaub sein letztes Frühstück war, ich musste ihm sagen, dass ich um zehn Uhr wieder losmusste.

»Mein lieber Herr Schnabel«, erklärte ich ihm, »ich muss Sie leider gleich schon wieder allein lassen. Heute werden die Kälber abgeholt, und ein paar von den großen Kühen und auch meine Schmusi gehen heute aufs Festland. Bevor in einer Stunde der Lkw mit der Fähre ankommt, muss ich mich noch von ihnen verabschieden.«

Schon hatte ich wieder Tränen in den Augen.

Herr Schnabel zeigte vollstes Verständnis und versprach, bei seinem Abschiedsspaziergang auch noch mal auf der Fenne vorbeizuschauen.

Ich fuhr direkt zu Schorschi. Er kam auch gleich zu mir getrabt, lehnte seine Stirn an meinen Bauch, und ich konnte mich nicht mehr zusammenreißen. Ich heulte und heulte und konnte gar nicht mehr aufhören. Er drückte seinen Kopf fest an mich, als wolle er mir zeigen: »Hey, ich bin schon ein ganz Großer und Starker! Ich schaff das schon!« Natürlich hatte er keine Ahnung, was in gut einer Stunde auf ihn zukommen sollte, aber die Kraft, die von dem kleinen Bullen ausging, spendete mir Trost. Sweety stand in unserer Nähe, und ich wünschte mir, dass er noch einmal zu ihr gehen würde, um sich ein letztes Mal satt zu trinken. Und das tat er dann auch. Trotz der Tränen, die mir nach wie vor übers Gesicht liefen, konnte ich über diese Situation lächeln.

»Tschüss, mein Kleiner«, sagte ich schwermütig und ging zu Melli hinüber. Tatsächlich kam es noch einmal dazu, dass

Melli an meine Hand ging. Auch ihr musste ich heute Adieu sagen, denn auch wir würden uns nie mehr wiedersehen. Mellis Beine waren nicht in Ordnung, sie hatte Schmerzen, stellte beide Hinterfüße nicht mehr richtig auf. Es fing vor Monaten mit einem leichten Humpeln an, war zwischenzeitlich besser, aber seit ein paar Wochen war ihr anzusehen, dass es ihr nicht richtig gut ging. Jan hatte sich mit anderen Bauern beraten und auch noch einmal mit Jens-Doc über Mellis Zustand gesprochen. Eine Entscheidung musste getroffen werden. Gestern war sie gefallen. Melli würde mit ans Festland fahren und im nächsten Jahr nicht mehr wiederkommen. Ihr Weg war zu Ende. Ich versuchte mich zusammenzureißen, aber das war kaum noch möglich. Der Abschied von Melli fiel mir unglaublich schwer. War sie doch der beste Beweis dafür, dass man mit Geduld und Vertrauen sogar bei einem vermeintlich einfachen Nutztier wie einer Kuh unglaublich viel erreichen kann. Sie war mir so sehr ans Herz gewachsen und hatte ein anderes Ende verdient.

Abschied nehmen von den Kälbern, und das auch noch an einem Freitag, dem 13. Oktober. Ein schwarzer Tag für mich. Ich weiß genau, dass dieser Tag immer wiederkommt. Jedes Jahr um diese Zeit, und jedes Jahr wird es schlimmer! Jedes Jahr versuche ich mich von den neuen Kälbern zu distanzieren, versuche keine Bindung aufkommen zu lassen – erfolglos! Erst recht, wenn ich so etwas erlebe wie mit Schorschi. Ich nehme mir immer wieder vor, ihnen keine Namen zu geben, und dann kommen sie auf die Welt, und der Name ist einfach da. Ich kann nicht anders! Und schließlich haben sie doch ein Recht darauf, wahrgenommen zu werden! Sie haben ein Recht darauf, für die kurze Zeit, die sie leben, ein schönes Leben zu haben, und ich versuche ihnen das mit meinen Mitteln zu ermöglichen. Immer wieder höre ich: »Das sind doch nur Kühe«, aber wer genau hinsieht, sieht viel, viel mehr. Wer genau hinsehen möchte!

In einem der schönsten Bücher, die ich kenne, einer Hommage an die Kuh von Werner Lampert, habe ich Folgendes gelesen: Die Kuh war in allen frühen Kulturen ein heiliges Tier, in Mesopotamien, in den vorderasiatischen Kulturen, bei den Griechen und den Römern. Auch bei den Ägyptern gab es Götter in Kuhgestalt. Den Himmel betrachteten die früheren Kulturen als große, unaufhörlich Milch spendende Kuh. Auch heute gibt es noch Hirtenvölker, für die ihre Rinder unverkäuflich sind und ein Statussymbol darstellen. Sie sehen sie als Gefährten, Familienmitglieder und sogar als wertvollsten Schatz an und leben mit ihnen im gegenseitigen Geben und Nehmen, teilweise ohne Zäune und regulierende Zeitvorgaben, und behandeln sie vor allem mit Respekt.

Auf den Halligen ist es nicht schwierig, eine frei laufende Herde auf den Wiesen zu entdecken und manchmal sogar eine Geburt beobachten zu können. Auf dem Festland muss man heute schon zweimal hingucken. Dabei gibt es sie, die Ausnahmen, die sich wieder rückbesinnen und Kühe so halten, wie es zum Wohle der Tiere geschieht. Inzwischen kenne ich Beispiele sowohl im Norden als auch im Süden, und mir geht das Herz auf, wenn ich von diesen Menschen und ihrem Tun erfahre. Wie sie sich gegen Skeptiker und vor allem eingefahrene Vorschriften durchsetzen. Mit Herzblut, Überzeugung und letztendlich auch Ergebnissen: weniger Stress für und Gewalt gegen die Tiere und dadurch auch weniger Einsatz von Medikamenten. Fühlen sich Kühe wohl, sind sie gesellige, neugierige, clevere und durchaus auch alberne Geschöpfe, und es macht Freude, sie zu beobachten und ihre unterschiedlichen

Charaktere zu entdecken. Und ganz nebenbei tragen Kühe in Freilandhaltung dazu bei, dass die Insektenvielfalt erhalten bleibt, denn Kuhweiden bilden besonders fruchtbare Böden und bringen bunte Wiesen mit sich. Werden in der extensiven Kuhhaltung die Hinterlassenschaften der Vierbeiner heute meistens zu unserem vermeintlichen Nutzen in Biogasanlagen eingesetzt, bildet ein einziger Kuhfladen in der Freilandhaltung einen eigenen Mikrokosmos, um nicht zu sagen, eine artenreiche Wohngemeinschaft. Er dient Fliegen als Kinderstube und Nahrung für den Nachwuchs oder Käfern als Baumaterial. Fliegen und Käfer locken wiederum Vögel an. Besonders Stare sind dafür bekannt, dass sie gern auf den großen Dickhäutern sitzen und diese von den krabbelnden Plagegeistern befreien. Stare werden in der Nähe von beweideten Wiesen satt, und Kühe profitieren von deren Wellnessbehandlungen. Fleischfresser und Vegetarier arbeiten so nebeneinander Hand in Hand – Huf in Flügel. Ein einziger Kuhfladen, das Paradebeispiel für den Kreislauf des Lebens, für den Kreislauf von Werden und Vergehen.

Herr Schnabel kam wie versprochen an der Fenne vorbei, auf der ich mich gerade von Schmusi verabschiedete. Ich stand direkt vor ihr. Sie streckte ihren Kopf nach oben, so konnte ich ihren langen Hals, vom Kinn bis zu den Vorderfüßen, streicheln. Dabei schloss sie ihre Augen und stand still.

»Das ist ja eine richtige Genießerin«, holte mich die vertraute Stimme aus meinen Gedanken. Herr Schnabel stand ein paar Meter von uns entfernt, hinter dem Zaun, auf dem Plattenweg. Auch Schmusi hatte ihn wohl nicht kommen hören, denn sie blickte mit ihren großen braunen Augen in seine Richtung, als ob sie ihn fragen wollte: »Musste das jetzt sein? Es war gerade so schön.« Mein Gast lächelte in unsere Richtung.

»Heute geht es also wieder auf die Reise?«

Der Kloß in meinem Hals war wieder da.

»Ja«, krächzte ich. »Schmusi verbringt gemeinsam mit den anderen erwachsenen Kühen den Winter in der Nähe von Flensburg auf einem Hof. Während der Wintermonate können die Kühe nicht auf den Halligen bleiben. Die Halligwiesen sind dafür leider nicht geschaffen. Mit Unterständen dürfen sie nicht bebaut werden, und auf den Warften gibt es zu wenig Platz, als dass wir sie dort aufstallen könnten. Heute werden die Kälber abgeholt, denn sie wurden an einen anderen Bauern verkauft. Auch ein paar von den großen Kühen werden die Hallig heute für immer verlassen. Auch Schmusi fährt heute schon mit, aber sie wird im nächsten Jahr wiederkommen.«

Herr Schnabel ließ seinen Blick über die friedliche Herde schweifen, dann sagte er gedankenverloren: »Wie sehr haben wir die gemeinsamen Spaziergänge auf der Hallig genossen. Diese Weite und Ruhe haben uns immer sehr gut getan. Auch haben wir oft die Tiere beobachtet. Stundenlang konnten wir am Anleger sitzen, Möwen und Enten beobachten und manchmal auch die eigenartigen Vögel in Menschengestalt, die im Sommer in großen Scharen auf die Hallig kommen«, sagte er mit einem Lächeln, das kurz auf seinem Gesicht zu sehen war. »Ich weiß genau, was es heißt, Abschied zu nehmen«, sagte er in meine Richtung.

Nun hatten wir beide Tränen in den Augen.

»Verabschieden und Willkommen, Tod und Leben – sie liegen immer dicht beieinander. Das wissen wir Menschen nur zu genau. Wenn es dann aber so weit ist, kommt es für uns immer wieder überraschend. Oder zumindest nie zum richtigen Zeitpunkt«, fuhr Herr Schnabel fort. Schmusi schubberte ihre Stirn an meinem Bein. Sie forderte mehr Streicheleinheiten ein. »Nach dem Tod meiner Frau hätte ich nicht gedacht, dass ich jemals wieder auf die Hallig fahren könnte, so stark war der Schmerz, so groß die Angst, dass ich das nicht aushalten könnte. Und heute bin ich froh, dass ich so mutig war, wieder nach Hooge zu fahren. All das, was wir damals zusammen entdeckt haben, ist mir inzwischen so vertraut, dass es für mich heute nach Hause kommen bedeutet. Und das, was ich neu entdecke, wie beispielsweise Ihre Kühe und dass man mit Kühen sogar kuscheln kann, hilft mir, offen für Neues zu bleiben und auch mal wieder neue Wege zu gehen.«

Schmusi war inzwischen ein paar Schritte in seine Richtung gegangen und schnüffelte neugierig an seiner Jacke. Noch etwas zögerlich hob mein Gast seine Hand und streckte Schmusi seine Handfläche entgegen. Ihr etwas feuchter, aber durchaus zärtlicher Handkuss ließ uns beide lächeln. Ich gab Schmusi einen festen Kuss auf ihre breite Stirn, drehte mich noch einmal zu »meinen Mäusen« um, verabschiedete mich von ihnen und hakte mich dann bei meinem Gast unter. Gemeinsam liefen wir den Plattenweg hinunter zu meinem Auto.

Und es bleiben: Glaube – Liebe – Hoffnung

»Früher war alles besser!« heißt es landläufig. Ist das wirklich so?

Ich bin in einer Zeit aufgewachsen, in der ich mit meinen Freundinnen Abenteuer selbst erfunden habe. Das Freizeitwellenbad, in das wir mit dem Zug fahren durften, war ein reines Abenteuerland, die Fahrt dorthin ein Erlebnis. Zur Schule sind wir zu Fuß gelaufen oder mit dem Fahrrad gefahren. Unsere Freunde waren real, zum Anfassen, Streiten und Vertragen. Wir haben uns dreckig gemacht, haben Sand in allen Poren gehabt, auf Taschentücherkügelchen herumgekaut und das Kaugummi heruntergeschluckt, aber auch Hausarrest und in der Schule Nachsitzen erfahren.

Wohin mich die Erziehung und vor allem mein Lebensweg führen sollten, war mir nicht bewusst. Keinen einzigen ernsthaften Gedanken habe ich damals daran verschwendet. Auch nicht als Jugendliche. Es wäre schön gewesen, wenn ich den Glauben an mich schon damals entwickelt hätte. Erst mit dem

Umzug nach Hooge fing ich an, mich mit mir zu beschäftigen und mit dem, was ich will und wo ich hinmöchte. Hier erst festigte sich der Gedanke, dass ich meinen eigenen »Mann« stehen möchte. Es war mir immer wichtig, meine Aufgaben zu meistern, ohne von jemandem abhängig zu sein. Stark und selbstbewusst wollte ich werden, um mich auch in den rauen Zeiten in der nordfriesischen Halligwelt behaupten zu können.

Dass dabei nun auch noch die Wahl zur Bürgermeisterin herausgekommen ist, hat meinen Glauben ziemlich ins Wanken gebracht. Das ist eine Nummer zu groß für mich! »Wie soll ich das auch noch schaffen?«, dachte ich bei mir. Zum Einsturz kam er aber nicht. Und ich werde alles dafür tun, dass das auch nicht passiert. Halligleute müssen seefest sein – und ich gehöre zu den Halligleuten. Meine Erziehung, der Glaube an die Menschen, die zu mir stehen, und letztendlich auch der Glaube an mich selbst werden mich auch durch raue See tragen.

Ob die Kindheit in den 80er-Jahren nun besser war, als es die heutige ist, sollte ich wahrscheinlich schon deshalb nicht bewerten, weil ich keine eigenen Kinder habe. Dennoch nehme ich mir heraus zu sagen, dass ich zumindest den Eindruck habe, dass wir Kinder aus der sogenannten »Generation Golf« eine naturnahe, eine Kindheit zum Anfassen hatten. Wir konnten auf Schrottplätzen herumtollen, in der Sandkiste gemeinsam mit unseren Hunden toben und Milch auf dem Bauernhof trinken, ohne Angst haben zu müssen, dadurch eine neue Unverträglichkeit zu provozieren. Wir konnten mit unseren zerrissenen No-Name-Hosen nach Hause kommen oder auch mal die Jacke versehentlich irgendwo liegen lassen, ohne gleich den familiären Finanzhaushalt ins Minus zu stürzen. Wir haben nicht gerade leidenschaftlich ein Musikinstrument in die Hand genommen, aber wenn, dann war das tatsächlich pädagogisch wertvoll – auch wenn man sich das erst im Erwachsenenalter eingesteht. Damals haben wir uns noch nicht mit dem Umweltschutz auseinandergesetzt oder uns gar für diesen eingesetzt, sondern mitten in der Natur gespielt. Wir haben in vollständigen Sätzen von Angesicht zu Angesicht miteinander gesprochen, sind durch die Wiesen und Felder gerannt, ohne unsere Schritte zu zählen, wir waren nicht leistungs- oder lösungsorientiert oder gar hochbegabt. Ich kann nicht sagen, ob es früher besser war, Kind zu sein, aber manchmal empfinde ich das so. Es war bestimmt etwas entspannter als heute. Wir haben viel Echtes und Greifbares erlebt, und das wird mir mit jedem Jahr auf Hooge bewusster. Gerade wenn ich sehe, wie naturverbunden unsere Halligkinder aufwachsen. Sofern die Eltern trotz der Weiterentwicklung der künstlichen Internetwelt, die auch vor einer Hallig nicht Halt macht, Wert darauf legen.

Ein Gast sagte kürzlich zu mir: »Hier kann man mal wieder richtig runterfahren und sich auf das Wesentliche besinnen. Die Lautstärke und die Hektik in den Städten nehmen zu. Die Hallig wirkt dann wie eine Oase, in der man mal wieder tief und frei durchatmen kann.«

So ist es. Kinder nehmen das natürlich nicht so wahr, aber sie werden es ganz bestimmt später zu schätzen wissen. Dann werden die heutigen Halligkinder vielleicht später einmal sagen: »In unserer Kindheit war es besser.« Aber ist es wirklich immer nur die Kindheit, an die Erwachsene sehnsüchtig denken, wenn sie seufzend sagen: »Früher war alles besser«? Und wann war eigentlich dieses Früher?

Als Erwachsene lebe ich heute auf einem kleinen Flecken Erde, auf dem ich gefühlt alles habe. Die Post ist auf Hooge vertreten, sogar mit einem eigenen Auto. Es gibt einen Kaufladen, in dem wir die täglichen Dinge des Alltags bekommen, und Strom und Wasser fließen seit über fünfzig Jahren durch die Leitungen. Unsere Kleinsten gehen in einen Mini-Kindergarten, die Größeren besuchen die Schule. Und das, wenn sie »mögen«, bis zur neunten Klasse. Ausgebildetes Pflegepersonal gibt es auf der Hallig, ein Arzt kommt im regelmäßigen Abstand zur Visite, und im Notfall rufen wir den Arzt über die 112, der dann mit dem Rettungshubschrauber oder -kreuzer kommt. Der Einsatzort wird von der Freiwilligen Feuerwehr abgesichert. Bei Tag und bei Nacht. Für die aktive Freizeitgestaltung kann man in einen der hiesigen Vereine eintreten oder auch in eine der drei Fraktionen.

Zu alldem gibt es das wunderbare Angebot der Natur auf einer der letzten weltweit einzigen Halligen, eingerahmt vom Weltnaturerbe Wattenmeer und der nicht enden wollenden Weite. Natürlich läuft auch hier nicht immer alles rund, geschweige denn nach Plan, logistisch ist vieles anstrengender, und es nervt, wenn man gerade in den Wintermonaten die Tageszeitung nicht täglich bekommt, sondern häufig in einem Stapel von vier Ausgaben. Und natürlich gibt es auch hier Menschen, die nie zufrieden sind. Irgendwas muss früher oder besser passieren oder schneller erreichbar und doppelt abgesichert sein, und das qualifizierter und freundlicher. Das ist kein Halligphänomen. Aber hier ist es lauter wahrzunehmen, und oft frage ich mich nach der Relation. Mir fehlt nichts, zumindest nichts Materielles. Mir persönlich. Seit Juni 2018 muss ich allerdings aus zwei unterschiedlichen Perspektiven gucken. Als Bürgermeisterin sehe ich sehr wohl, dass an der einen oder anderen Schraube des Möglichen durchaus noch gedreht werden kann und es wichtig ist, dass die Halligen bei der Erreichbarkeit, der Bildung, der medizinischen Versorgung und vor allem dem technischen Wandel nicht rückwärtsgehen dürfen. Nicht, wenn die Halligen auch weiterhin bewohnt bleiben sollen, bestenfalls von Familien mit Kindern.

Wann war dieses Früher, als alles besser gewesen sein soll? War das, als die Erde noch eine Scheibe war oder als das Elektromobil erfunden wurde? Wann genau war alles besser? Als die Post auf der Hallig zugestellt wurde, wenn die Wetterverhältnisse es zugelassen haben und der Postbote zuerst in seiner Nussschale unterwegs war, um Briefe und Pakete auf die Hallig zu karren, um sie dann zu Fuß zu verteilen? Oder als die Menschen regelmäßig Lebensmittel eingemacht, eingeweckt und mittels Salz konserviert haben, um sie lange lagern zu können? War das Leben leichter, als das Wasser aus dem Brunnen geschöpft und ins Haus getragen wurde, um es dort abzukochen, bevor es einigermaßen genießbar war? War alles besser, als man sich noch mit bewährten Hausmittelchen half, um einen Bruch zu schienen oder eine Fleischwunde zu versorgen? War es damals besser, weil es noch den festen Glauben gab, der nicht nur Krankheiten heilen, sondern auch Berge versetzen konnte?

Vielleicht war auch alles besser, als die kleinen Kinder durch die Großfamilien betreut waren und es für die größeren noch Lehrer mit Autorität gab, die diese auch noch ausgeübt haben? In der Zeit haben die Kinder wenigstens noch was fürs Leben gelernt und auch erfahren, was Nachsitzen bedeutet und ein Verweis mit sich bringt. Aber auch in der Zeit, in der es noch kein Fernsehen und vor allem kein Internet und keine Computerspiele gab, könnte alles besser gewesen sein, denn schließlich kam man da zusammen, hat miteinander gelacht, gespielt, getanzt, aber auch gestritten und gerauft – und geklärt. War es vielleicht tatsächlich in der Zeit besser, als die Menschen noch glaubten, dass man am Ende des Horizonts hinunterfallen würde?

Nichts ist so beständig wie der Wandel, und der bringt neben Veränderung auch immer etwas Neues mit. Veränderung kann durchaus anstrengend sein, aber niemals von Haus aus schlecht. Das Einzige, was sich in meinen Augen nie verändert hat, ist der Anteil an Verantwortung, den ein jeder trägt, und der eigene Anspruch, der unermüdlich wächst.

Ich glaube nicht, dass früher, wann auch immer das gewesen sein mag, alles besser war. Vielmehr denke ich, dass wir früher furchtloser und anspruchsloser mit dem umgegangen sind, was wir gerade erlebten und erfuhren. Es war halt so, wie es war. Gegessen wurde, was man erwirtschaftet hatte, was gerade da war. Gearbeitet wurde das, was man leisten konnte und was gemacht werden musste. Und vor allem war man häufiger zusammen. Keine Online-Einkäufe, sondern gemeinsames Schlangestehen im Supermarkt. Keine WhatsApp-Nachrichten aus dem Sommerurlaub, sondern handgeschriebene Postkarten. Abends wurden nicht noch liegen gebliebene E-Mails beantwortet oder vom Sofa aus eine DVD geguckt, sondern man ging gemeinsam ins Kino oder, oder, oder.

Ich glaube aus tiefstem Herzen, dass man das alles ganz besonders auf einer Hallig wunderbar vereinen könnte. Das Bewahren der Traditionen, eine lebendige Gesellschaft und trotzdem ein fortschrittliches Leben in einem einzigartigen Lebensraum. Wenn ein jeder bereit ist, etwas dafür zu tun. Nicht einfach nur zu sagen: »Früher war alles besser!«, sondern tatsächlich sein Verhalten zu verändern. Nur dann wird sich die Situation verändern. Ich glaube daran, dass das machbar ist. Der Fortschritt, die medizinische und bildende Versorgung und auch mancher Komfort sind letztendlich auch nicht automatisch auf den Halligen eingezogen. Im besten Fall haben sich Bürger zusammengeschlossen, Projekte erarbeitet und direkt erzielt, oder es war der Weg über die Politik, der den Erfolg gebracht hat. So oder so, sich für etwas einzusetzen, ist immer gut. Wer für etwas kämpft, wird nicht träge. Etwas gemeinsam erreichen macht stolz und bringt alle weiter. Daran glaube ich.

Meine Liebe zur Hallig ist so stark, dass ich hier nicht mehr weggehen möchte. Meinen Platz habe ich gefunden, hier möchte ich bleiben, leben und wirken. Mein eigenes Ding durchziehen kann ich. Das habe ich bereits bewiesen. Anderen, aber vor allem mir selbst. Das ist eine Zeit lang gut und lebbar, aber auf Dauer ist das nichts. Erst recht nicht in einem Mikrokosmos, wie die Hallig einer ist. Hier ist alles so eng miteinander verwoben, dass das Rad immer ins Stocken gerät, sobald ein Zahn abbricht. Bewusst oder unbewusst, ob man will oder nicht.

Ich liebe die Natur, ihre Schönheit, aber auch ihre Kraft, vor der ich Respekt habe. Ich liebe mein altes Friesenhaus, die heimelige Atmosphäre, die es ausstrahlt, aber auch jede einzelne zugige Fuge. Ich liebe diesen Ort, den ich mein Zuhause nenne, und ebenso die Freiheit, die sich mir hier bietet. Freiheit, die uns schon allein die geografische Lage bietet, aber auch eine Freiheit, die wir Halligleute uns im Alltag nehmen. Damit meine ich nicht die Beliebigkeit, die manch einer mit der Freiheit verwechselt. Ich meine die Freiheit, die man sich nehmen kann, um es sich noch ein bisschen schöner, leichter, gemütlicher oder auch einfacher zu machen, ohne einen anderen darin zu beschneiden.

Hoffnung hege ich, dass meine Liebe zur Hallig und diesem wunderbaren Lebensraum ansteckend ist. Liebe macht mutig, stark und beflügelt. Liebe weckt Kreativität und Unternehmungslust. Liebe kann Unmögliches möglich machen, Liebe kann Schranken brechen und Brücken bauen. Diese Liebe hat mich mutiger werden lassen, und Mut tut gut! Die Liebe zur Hallig hat meine Unternehmungslust beflügelt, als ich in der Krise steckte. Ich habe in mein Haus investiert und somit meinen ganz persönlichen Rahmen, in dem ich lebe und mich wohlfühle, verstärkt. Die Liebe zur Hallig hat mich dazu gebracht, Kränkungen und Enttäuschungen auszuhalten und letztendlich daran zu wachsen. Aber auch zu akzeptieren, dass ich ebenso mein Verhalten immer mal wieder überdenken und gegebenenfalls ändern muss. Ich habe mich geöffnet, bin über meinen Schatten gesprungen, habe mich überzeugen lassen – und dafür bin ich sehr dankbar.

Ebenso wie ich dankbar bin, mit diesen Zeilen ein zweites Buch abschließen zu können, das selbst mir das Halligleben noch einmal ein Stückchen näher gebracht hat. Ein Buch, in dem ich anderen Menschen vom Leben auf einer Hallig erzählen und an mich gestellte Fragen beantworten kann, wenn auch nur durch meine ganz persönliche Wahrnehmung und aufgrund meiner eigenen Erfahrung. Ich wiederhole mich, wenn ich sage: Es ist nicht nur die Einzigartigkeit, die die Halligen mitbringen. Es ist nicht nur das, was die Hallig mit einem macht. Eher ist es das, was mit einem selbst passiert, wenn man hier lebt. Wer das erfährt und mit allen Sinnen wahrnimmt, ist reich beschenkt.

»Nun bleiben Glaube, Liebe, Hoffnung, diese drei; aber die Liebe ist die größte unter ihnen.«

Die letzte Seite – der Dank

Erneut liegen eineinhalb Jahre hinter mir, in der sich die Ereignisse überschlugen, manchmal auch die Gefühle. Und wieder sind es viele Menschen, die mich begleitet, berührt, inspiriert und manchmal sogar herausgefordert haben. Einige werden sich in dem einen oder anderen Kapitel wiederfinden, manchmal unverkennbar, manchmal ein bisschen verändert, manchmal auch zwischen den Zeilen.

Fast alle Personen, die namentlich genannt werden, gibt es wirklich. Nicht immer eins zu eins. Manchmal verstecken sich hinter einem Namen zwei oder sogar drei Personen aus meinem Leben, oder der angegebene Beruf ist verfälscht. Ich danke jedem für die Begegnung und die gemeinsamen Erfahrungen, auch wenn nicht immer alle mit einem Happy End verbunden sind. Trotzdem sind sie ein Teil meines Lebens.

Ihr habt mir beigestanden, mich meistens nur begleitet, aber manchmal auch geschoben. Ihr habt mich vieles gelehrt, mir manches gezeigt und beigebracht. Freunde sind unbezahlbar. Sie meinen es gut mit einem und tun gut. Vor allem die, die offenen Auges durch eine Freundschaft gehen, anpacken, ohne lang zu fragen, und da sind, auch wenn man sich manchmal nur einmal im Jahr sieht.

Besonders danken möchte ich:

Meinen Eltern – ohne euch wäre ich nicht dort, wo ich bin. Auf meinem Weg, in meinem Zuhause.

Sabine F. – meine Freundin hinter dem Deich. Du gibst meinen Worten den letzten Schliff.

Dirk O. – zwei Minuten helfen, um wieder in die Spur zu kommen.

Frank M. – der Meister auf dem Stein war unsere Brücke. Jetzt könnten wir die seine sein.

Anna B. – ich ziehe meinen Hut vor dir. Du machst die Welt ein bisschen besser.

Astrid S. – was Besseres hätte mir nicht passieren können. Dein Laden. Dein Gespür. Du.

Susanne R. – du kamst, sahst und fühltest. Mit dir ist auch dieses Buch erst richtig rund geworden.

Dem Frauen-Power-Team von Eden Books – ihr wisst, was ihr wollt, und was ihr wollt, wird gut.

Danke!

Impressum

Katja Just
Frische Brise auf dem Sommerdeich
Neues von der Hallig
ISBN: 978-3-95910-212-4

Eden Books
Ein Verlag der Edel Germany GmbH

www.edenbooks.de | www.edel.com
1. Auflage 2019

Einige der Personen im Text sind aus Gründen des Persönlichkeitsschutzes anonymisiert.

Projektkoordination: Svenja Monert und Nina Schumacher
Lektorat: Susanne Röltgen
Umschlaggestaltung: Johanna Höflich
Umschlag Bildmontage: Dünenbild: PPAMPicture / iStock; Möwen: Anna Kraynova / Shutterstock; Himmel: LaMiaFotografia / Shutterstock; Welle: Vector Tradition / Shutterstock
Layout und Satz: Datagrafix GSP GmbH, Berlin | www.datagrafix.com
Druck und Bindung: optimal media GmbH, Glienholzweg 7, 17207 Röbel/Müritz
Bildnachweis Kapitelöffner: S. 11, 35, 101, 205, 217 und 229: © Patrick Franck; S. 17, 29, 47, 57, 85, 113, 129, 141, 153, 167, 179, 191 und 237: © privat / Katja Just

Printed in Germany.

Dieses Buch ist auch als E-Book erhältlich.

Um die kulturelle Vielfalt zu erhalten, gibt es in Deutschland und in Österreich die gesetzliche Buchpreisbindung. Für Sie, liebe Leserin und lieber Leser, bedeutet das, dass Ihr verlagsneues Buch jeweils überall dasselbe kostet, egal, ob Sie Ihre Bücher gern im Internet, in einer großen Buchhandlung oder beim kleinen Buchhändler um die Ecke kaufen.

EDEL
FAMILY MEMBER